POLÍTICA Y ADMINISTRACIÓN

POLÍTICA Y ADMINISTRACIÓN

Regímenes; parlamentario, senatorial y presidencial; Gestión de Calidad

Mario Raúl Mijares Sánchez

Para realizar pedidos de este libro, contacte con:
Palibrio
1663 Liberty Drive
Suite 200
Bloomington, IN 47403
Gratis desde EE. UU. al 877.407.5847
Gratis desde México al 01.800.288.2243
Gratis desde España al 900.866.949
Desde otro país al +1.812.671.9757
Fax: 01.812.355.1576
ventas@palibrio.com
742353

ÍNDICE

PROLOGO

El título de la presente investigación *Política y Administración: Regímenes parlamentario, senatorial y presidencial, Gestión de Calidad,* define la tesis principal del libro. Tal como se establece en el protocolo, en el documento se analiza el *nouveau régime* a partir de sus ideólogos más destacados y a través del pormenorizado manejo de las categorías de la ciencia política por parte del autor. Mario Raúl Mijares Sánchez plasma de forma ilustrativa cómo se fue instaurado el Estado Moderno a finales del siglo XVI e inicios del XVII en el Reino Unido. Entre los diversos teóricos analizados destacan las ideas de los ingleses Thomas Hobbes y John Locke, quienes trataron sobre la supremacía del parlamento, confinando al monarca a no gobernar más.

Para el tema de los Estado Unidos, constan personajes como George Washington, J. Madison y Alexander Hamilton, quienes participaron en la Convención Constituyente de ese país. Además, de la reflexión del jurista y pensador francés Alexis de Tocqueville, quien continúa siendo el referente y guía de la política y la administrativa pública angloamericana.

Acorde con lo anterior, en el desarrollo del texto se analizan los medios mediante los cuales se consigue la unidad justa del Estado. De esta manera, el autor indica que los regímenes parlamentario, senatorial y presidencial están precedidos para salvaguardar la justicia y la libertad, principios inestimables que deben existir en toda comunidad política. La síntesis de este fundamento es para estimular a la lectura profunda de la obra, de manera particular porque se efectúa una puntual y exhaustiva valoración respecto a la *Doctrina Económica del Liberalismo,* base y sustento ideológico por medio del cual se rige actualmente la mayoría de las naciones del mundo, poseedoras, desde luego, de gobiernos oligarcas.

Llama la atención el complejo escenario político que tuvo lugar en la Gran Bretaña y sus colonias en América en el siglo XVI, tema que el Dr. Mario Raúl, expone con fina solvencia al dilucidar los pormenores que hicieron posible la instauración del pujante derecho a la propiedad privada, esclareciendo así el novedoso desarrollo del espíritu del liberalismo, que se daba tanto en la metrópoli como en las colonias continentales inglesas. Tal doctrina especulativa cimentada en la consigna: *laissez-faire, laissez-passer* llevó a la primera negación de la crematística, mejor conocida como doctrina mercantilista, para de esta forma imponer las jugosas ganancias de los nuevos propietarios, quienes más tarde lo van designar como *ragione di Stato*. El escenario político y económico, expuesto en el presente tratado, da la pauta para entender lo que sucede hoy día en la esfera económica mundial, en donde predomina la hegemonía de los países ricos.

La Rectoría de El Colegio de Veracruz está plenamente consciente de la importancia de interpretar la realidad socio-política de nuestro entorno a partir del conocimiento verdadero de las relaciones que se establecen entre las instituciones públicas y los gobernados, en el marco del régimen normativo al cual pertenecen. De ahí la necesidad de aprovechar una creciente ola crítica independiente preocupada en la investigación académica, distinguida principalmente por la tenaz capacidad de examinar tendencias actuales, amén de promover discusiones y ofrecer opciones políticas en torno a las problemáticas que aquejan el destino nacional.

En medio de la actual vorágine donde se halla inmersa la administración pública mexicana, el libro muestra la génesis y la modificación de sus distintos derroteros, sus logros y problemas, pero sobre todo sus proyectos de superación. En donde el país, se quiera o no, se ha vuelto sujeto y objeto de las fuerzas que mueven los intereses económicos de contar con una buena política externa, la cual sustenta la política interna.

La indagación de carácter comprobatorio que se utilizó dio como resultado un novedoso horizonte para conocer la realidad política y administrativa contemporánea, aduciendo que México y los Estados Unidos no cuentan con principios políticos semejantes. Desgraciadamente, esta opinión ha sido sostenida por muchos años; no obstante, según el presente estudio, se demuestra la existencia de grandes diferencias entre sus formas de gobierno y su régimen presidencial. Con semejante explicación, bien se podrá entender con más claridad el enorme abismo que separa a ambas naciones, no sólo en lo económico o social, sino también en el terreno cultural.

Como se desprende de lo escrito, el Dr. Mario Mijares expone un tema de indiscutible relevancia, sobre todo después de lo sucedido en las recientes elecciones en Norteamérica. Es a través de las herramientas de análisis político como logra dar una interpretación más auténtica del acontecer político. Lo expuesto con antelación, evitará seguir aceptando las teorías sesgadas, que tanto dañan la vida cotidiana de una gran parte de la población mexicana. Sin duda, su contenido será un referente para la clase política, la academia, alumnos y público en general.

Presenta, además, los modelos posmodernos de administración, adecuados a la administración pública mexicana. En lo que se refiere a ésta, se plantea un conjunto de propuestas para los tres niveles de gobierno, específicamente para la instalación del *Modelo de Calidad Total*, así como de Gestión Pública.

Las exposiciones desplegadas en el discurrir del libro son claras y, por tanto, viables, mismas que ponen a prueba la capacidad real de los responsables en su ejecución. La teoría y los criterios empleados son distintos todos los otros, pues nos brindan herramientas valiosas para mejorar los procesos laborales, los cuales han pasado por el test riguroso de tipo científico. En este caso, las distintas sugerencias del autor serían de gran utilidad para ser aprovechadas en la administración pública.

De acuerdo con el presente texto, el influjo de las fuentes bibliográficas y documentales proviene de la academia de negocios y administración de los Estados Unidos, en donde Malcom Baldrige se ha consolidado en referencia obligada para la implantación de un procedimiento de gestión basado en la calidad total.

El libro utiliza dicho modelo de calidad, pero amalgamando las mejores y viables características de sus sistemas, para de esa forma adecuarlas al ámbito público nacional. Esta es la parte creativa del trabajo de la presente investigación.

En estos momentos difíciles por los que atraviesa México, hago votos por que se logre la confianza y la capacidad para revertir los consabidos problemas sociales, pues con ellas nos sólo se eleva la productividad, sino también se pueden distinguir los elementos negativos, que, afortunadamente son aislados.

Mtro. Eugenio A. Vásquez Muñoz
Rector de El Colegio de Veracruz

PRESENTACIÓN

Resulta necesario y obligado realizar una serie de acotaciones en torno a la secuencia temática del presente libro, principalmente para el lector poco avezado en la ciencia política y administración pública. La obra que tiene en sus manos está dirigida a los políticos y servidores públicos de todos los niveles jerárquicos que cuentan con un tiempo breve de lectura en la materia. En el ámbito político, es para aquellos gobernantes que aún desconocen en dónde están parados y confunden al Estado con el gobierno, e incluso con su brazo administrativo. Lo mismo les ocurre para diferenciar el régimen presidencial, el parlamentario y senatorial.

En lo que se refiere a la administración, se plasma un conjunto de propuestas para los tres niveles de gobierno, específicamente para la instalación del Modelo de Calidad, así como de la Gestión Pública. Las tareas proyectadas en el presente texto no se comprenderían a plenitud ni tampoco se podría alcanzar un nivel de concreción adecuado, si no se enmarcan en un tiempo y espacio específicos.

La cordial invitación es hacia los responsables de las labores político y administrativo para que concurran a las distintas ideas expuestas para adecuarlas al México actual. Un país, que cuenta con gran personal, así como recursos materiales y financieros y que, aunque vive vertiginosas transformaciones políticas, económicas y sociales, demanda de igual manera, ajustes y mejoras administrativas en todos los niveles de la cosa pública.

Tal como se verá al interior del texto, no se trata de cambiar abruptamente como lo proponen de manera general algunos autores, sino de innovar o mejorar los paradigmas tradicionales con los que han operado numerosos servidores públicos durante mucho tiempo. En la renovación, primero se tendrán que modificar las actitudes burocráticas e improductivas, para en seguida recurrir a la gestión pública con base en el Modelo de Calidad Total, cuyas peculiaridades se detallarán en el transcurso de la exposición.

XII   MARIO RAÚL MIJARES SÁNCHEZ

Se proyecta que, dentro de la administración pública en México, los instrumentos aquí descritos representen un avance en la cultura institucional, encaminándose hacia la posibilidad de optimizar los recursos.

Es un hecho que en los últimos diez años el diseño y aplicación de políticas públicas, tanto de gobierno así como las de Estado, están supeditadas a las relaciones políticas internas y externas que le impone la geopolítica actual[1]. Por tanto, se requiere que el gobierno obtenga un posicionamiento digno, el cual permita hacer frente a la gran competitividad exigida por el mundo contemporáneo. Sin embargo, se sugiere no reproducir únicamente diseños de otros países, sobre todo, de aquellos que disfrutan de mejores niveles de desarrollo.

El objetivo político fundamental de la presente investigación radica en estudiar inicialmente el modelo político administrativo inglés y después el norteamericano, ambos esquemas clásicos surgidos del Estado Moderno a finales del siglo XVI e inicios del XVII. Países en donde se instauró el *Nuevo Régimen*, y cuyo fundamento es la privatización de lo público, así como la preeminencia de la clase adinerada por encima de las demás. Esto le ofrece un matiz distinto a la experiencia mexicana.

Así pues, se plasmó un breve análisis político y administrativo de la Gran Bretaña, ya que es en ese país donde se instaura y se justifica la *Doctrina Económica del Liberalismo*, base y fundamento de lo que actualmente rige en la mayoría de las naciones oligarcas del mundo. Como se sabe, fue en esta nación la cuna en donde se desarrolló lo que los economistas dieron a conocer como -el capitalismo-. Tal patrón económico se sustentó con base en el *Régimen Parlamentario*, una estructura política, jurídica, económica y administrativa importante para la vida moderna y contemporánea de esas naciones. De ahí la preocupación de estudiarlo detenidamente.

Es en Inglaterra, a inicios de la modernidad, cuando los intereses de esencia oligarca, amparados con la fuerza del Estado, expropian las tierras tanto a los señores feudales como a la Iglesia Católica con la ambición de hacer uso, abuso y usufructo de ellas: un hecho que define la condición de la propiedad privada. Ser dueño del suelo en este tipo de naciones, significa ser poseedor total, desde la *sima* hasta a *cima,* y no como sucede en México, en donde sus habitantes obtienen la posesión únicamente en la parte

---

[1]   Entiéndase como geopolítica a la relación establecida entre los Estados del hemisferio.

donde se asientan, porque hacia abajo y hacia arriba son propiedad pública administrada por el Estado Mexicano.

De la misma forma, se hace una evaluación rápida sobre los Estados Unidos de América, dado su esquema político muy parecido a su madre oligarca, Inglaterra. Pero en especial porque actualmente es la escuela de pensamiento representativa de los nuevos "sistemas administrativos" y económicos posmodernos. Tales modelos "sistémicos", en el presente, son usados por el gran capital. Al mismo tiempo, se esclarece el concepto teórico de los mencionados modelos procurando destacar que dicha nación, a pesar de que erróneamente el *éter jurídico* lo ostente como un régimen presidencial, su diseño político-administrativo es el equivalente al de Inglaterra. Estrictamente con la observación de que los angloamericanos lo sustentan a través del régimen senatorial, el cual es similar al principio-político administrativo inglés, pero con el calificativo de régimen presidencial.

La Cámara de Senadores es el órgano supremo del Estado norteamericano. Es ahí en donde se encuentran personificados los intereses de los grandes propietarios de esa potencia. Así pues, en esta breve exposición teórico-histórica, se lanza por tierra la apreciación de muchos autores quienes aseguran que los Estados Unidos poseen una forma de gobierno democrática, y no oligarca, como en esencia han sido desde su nacimiento como nación.

A partir de esta propuesta de análisis se cumple con el estudio del caso mexicano, el cual es radicalmente opuesto, pues tiene una historia distinta respecto a los países mencionados, particularmente en la custodia de la clase obrera y campesina, así como el tema de la propiedad pública de la tierra. La posesión pública y la seguridad laboral están sustentadas en los artículos 123 y 27 de la *Carta Magna*. Tal documento, se refiere al carácter republicano del gobierno, en donde el Poder Ejecutivo Federal con fundamento a sus magnas facultades constitucionales de tipo unipersonal, señala al presidente como único responsable de la vida política y administrativa de la nación, a diferencia evidentemente de lo establecido por la estructura política y jurídica inglesa y angloamericana.

Sin duda, son países con características particulares, con Estados y gobiernos propios, así como con poblaciones que poseen expectativas disímiles, y en donde, por tanto, se implantan políticas específicas de desarrollo de acuerdo con sus peculiaridades.

En el mismo sentido y sobre la marcha de la exposición del libro, se incluye un breve estudio de lo ocurrido en Chile durante la época pinochetista. Esto es con el objetivo de constatar los modelos administrativos importados de la escuela norteamericana por parte de los militares chilenos, quienes los llevaron a una exacerbada agresividad en aras del interés de lo privado, así como también para lograr una mayor eficiencia en la desregulación administrativa y económica.

Lo expuesto anteriormente es con la idea de avispar al lector y, de manera especial al funcionario público en el sentido de que México no puede esperar a una represión militar para avanzar. Ante todo, la invitación es para abandonar de una vez por todas los esquemas burocráticos que tanto daño le han hecho al país.

En el presente libro, se evitó realizar un investigación comparativa, moralista o ideológica, aunque sí apunta en torno a lo ocurrido en administraciones de países avanzados, pero sólo para que el lector ubique el momento actual que vive México, así como los riegos que supondría el advenimiento de una transición política originando únicamente consecuencias negativas.

Fuera de ello, los responsables de las administraciones municipal, estatal y federal tienen la obligación de instaurar una política de competitividad, en donde se logre imbuir en la Cultura de Calidad a los servidores públicos. Pero también es un llamado urgente a los empresarios, académicos, sindicatos y campesinos, en fin, a todos quienes participan en la productividad, ya que el escrito permite tener un basamento sólido tanto en lo político como administrativo. No obstante, el único garante -tal como lo señala la Carta Magna-, radica en llevar a buen fin el modelo político, administrativo, económico y social. La propuesta central de la investigación estriba en que el responsable del Poder Ejecutivo es quien tiene el deber como buen estadista, de levantar las velas con reglas claras, pero sobre todo con el ejemplo de probidad y sensatez para lograr un beneficio para todas las clases sociales.

No se puede ocultar que los gobernantes mexicanos han asumido de forma histórica políticas públicas fallidas. Hasta la mitad del siglo XX, todavía existía la prohibición a los extranjeros de tener el 100% de las inversiones de propiedad industrial y comercial -en éste caso sólo me referiré a la rama manufacturera-. Asimismo, en la misma importación de productos industriales, los dueños pagaban derechos exorbitantes, aparte de ejercer las trabas de carácter burocrático; por otro lado, dejaban la frontera abierta para que entraran productos maquilados, sin pagar derechos de aduana. Esa fue la triste realidad que perduró durante más de la mitad del siglo XX.

En México, otra política malograda por parte del aparato gubernamental consistió en el pésimo vínculo entablado con las maquiladoras, las cuales llegaron a tener un auge significativo, al tiempo de ocupar mano de obra bastante considerable. En su momento representaron un *boom,* ya que en ese renglón de la economía se llegó al 80% de la exportación que realizaba el país. Entidades como Ciudad Juárez lo ejemplificaron a la perfección. Sin embargo, nuevamente dejaron pasar la ocasión para instaurar a México en el escenario competitivo internacional, pues el trato a los inversionistas resultó nuevamente fatal. De esa forma, se perdió la oportunidad no únicamente de recibir la inversión externa, sino de abastecerse de cierta tecnología a partir de la coyuntura, con la alternativa de entrar al mercado externo y lograr, precios competitivos en el mercado interno.

Se derrochó la posibilidad inmejorable de poseer trabajadores altamente calificados en los distintos ámbitos de la producción, lo cual da una idea de las consecuencias negativas por haber despreciado semejante acontecimiento. Las maquiladoras eran toda una promesa de desarrollo, el ejemplo es claro. En esa etapa, tan sólo en el estado vecino de El Paso Texas, se ensamblaban al año; nueve millones de televisores. Pero una vez más los gobiernos en sus tres niveles, pusieron trabas a los inversionistas extranjeros, quienes finalmente optaron por retirarse de México para llevar sus capitales a China.

Por otro lado, los empresarios y funcionarios mexicanos históricamente han sacado millones de dólares del país, los cuales siempre depositan en paraísos fiscales: algunos casos iniciaron en Suiza, después continuaron en Miami, así como en las Islas Vírgenes Británicas, y recientemente en los bufetes panameños, con operaciones secretas, lo cual han dejado a México sin posibilidades de producir internamente de forma sana. México tardó en modificar su legislación para que los parques industriales funcionaran, y con ello abandonar el rezago que se ha vivido a lo largo de la historia.

He aquí, pues, un estudio teórico con casos prácticos y, sobre todo, un conjunto de propuestas que podrían llevar a México a niveles mayores de eficiencia y rendimiento dentro del juego del libre mercado mundial en el que se desenvuelve actualmente. Sólo tomando la innovación administrativa propuesta en este trabajo, se podrá abatir el gran atraso padecido por el pueblo mexicano a lo largo de su historia independiente en materia de desarrollo y solidez, política, económica, social y cultural.

INTRODUCCIÓN

Con este libro se pretende resolver una serie de preguntas y vacíos conceptuales, esbozada por una gran parte de servidores públicos, e incluso por la ciudadanía en general respecto al tema contemporáneo de la Calidad y Gestión Pública. En este sentido, es de vital importancia asegurarlo desde el inicio: ambas son modelos administrativos que no reemplazan al gobierno ni tampoco a la administración pública, como desgraciadamente lo enseñan en algunas casas de estudio.

Las propuestas detalladas a lo largo del texto reflejan una experiencia académica y laboral de más de cuarenta años dedicados a la investigación y a la docencia en diversas instituciones de educación superior y en distintas áreas del conocimiento, así como en materia de capacitación en dependencias y entidades siempre con la visión socrática que señala:

> Para conocer hay que extraviarse, es decir, vencer toda introspección con la finalidad de obtener resultados.

De esta forma, se procuró ofrecer a los lectores los conocimientos facultativos y operativos a través de ejemplos claros sin los cuales los primeros resultarían vanos. Bien decía Don Jesús Reyes Heroles: *la teoría sola es hueca, pero la práctica sin teoría, un salvajismo*. Con esta premisa, se puede decir que únicamente con la teoría y la praxis se enriquece el análisis, y más aún se mejora el desempeño del hombre dedicado a la cosa pública.

El contraste que el lector encontrará en la presente disertación en comparación con otros trabajos respecto al tema de gestión pública, consiste en que éste parte del estudio de la estructura del gobierno oligarca, causa primera en la formación del Estado Moderno. Una forma administrar en plena posmodernidad se encuentra integrada en la mayoría de los países plutocráticos. Al día de hoy, se continúan trazando las líneas y horizontes políticos, así como administrativos, partiendo de ese principio oligarca, los cuales se prolongan por su constante evolución.

Es importante e inaplazable estudiar el caso inglés, así como el norteamericano, ya que ambos han sido la punta de lanza en las trasformaciones políticas y administrativas de las sociedades modernas y contemporáneas, esto después de los paradigmas posteriores a las civilizaciones agrícolas e industriales. De la misma manera como Alvin Toffler expone en las distintas adecuaciones sus obras políticas económicas y sociales que han roto con los modelos tribales en gran parte del globo terráqueo hasta arribar a la economía del conocimiento.[2] Asimismo se pretende con ésta propuesta seguir la misma dinámica de Alvin, dejando a un lado la palabra cambio por la de *mejorar o innovar*.

La explicación de esta ronda de sugerencias es que, si no se conoce *el todo*, difícilmente se podrán entender *las partes;* por tanto, otro de los objetivos del trabajo radica de forma primaria al Estado, en conceptualizar por medio de las herramientas de la teoría política para después ir al gobierno, entendiendo a éste como la parte activa de ese todo representativo. En la misma lógica se realizó el análisis particular de la administración pública y de sus innovadores elementos como son: el modelo gerencial y de gestión, ambos a partir del modelo de Calidad Total.

En la primera lección, como preámbulo, se explican algunas notas sobre el arribo de la oligarquía inglesa, así como la instauración del Estado Moderno. Pero, en particular el origen e implantación de la *Doctrina Económica del Liberalismo*. Para tal estudio, de igual forma se utilizaron las categorías de la ciencia política, con la idea de entender la discusión en torno a las ventajas y desventajas del referido modelo económico referido que ha logrado injerir lamentablemente en el mundo posmoderno.

De la misma forma, se cumplió con el objetivo de dar un breve, pero sustancioso repaso a través del mosaico político y administrativo de los Estados Unidos de América, en su proceso constitucional dentro de

---

[2]   Alvin, Toffler, *La Tercera Ola*, Compañía Editorial, 1981. El autor habla sobre la nueva civilización: el desafío a la antigua burocracia, en la que se reduce el papel del Estado, originando con ello el nacimiento de un mundo postimperialista. Una economía que ya no se basará en la tierra, el dinero o las materias primas sino en el capital intelectual, la era del conocimiento. Este nuevo paradigma Peter Druker lo denomina "La sociedad postcapitalista"; Daniel Bell llama, "La sociedad postindustrial"; Taichi Sakaiya lo nombra "La Sociedad del conocimiento" y A. Toffler "La Nueva economía del conocimiento".

las mismas épocas de estudio. Para ello, se revisó su estructura política, económica y jurídica con la finalidad de entender la relación precisa entre gobernantes y gobernados, y aclarar cuál es el *órgano supremo* de esa nación. Es necesario reiterar que la razón de plasmar la experiencia de ambos países, es que tanto la metrópoli inglesa como su hija predilecta angloamericana han mostrado el camino del libre mercado desde hace más de doscientos años hasta la actualidad. Y donde México con un gran atraso respecto a las oligarquías avanzadas apenas está tratando de introducirse en pleno Siglo XXI, en la dinámica económica.

En el mismo capítulo se esboza de manera puntual algunas categorías políticas en donde se resaltó la dificultad por la que ha pasado el pueblo mexicano para lograr constituirse de forma firme. Así también, se detalló la evolución de su aparato estatal, al mismo tiempo su característica funcional elemental.

De ahí la necesidad, de obtener algunos ejemplos de las dos leyes generales escritas, tales como las reales de la Gran Bretaña y los Estados Unidos de Norteamérica, esto con el propósito de comprender las diferencias existentes entre sus regímenes con el de México.

En los siguientes capítulos se estudió el caso mexicano, dando algunas propuestas adecuadas de mejora, mismas que ya han sido establecidas en varias naciones con resultados satisfactorios, y de ahí su desarrollo sostenido. La idea de demostrar el cómo en las *sociedades abiertas*, debido a la gran participación de gobernantes y gobernados, se brindan superiores niveles de servicio cuyos efectos son la seguridad social y un incremento en la calidad de vida de sus habitantes. El objetivo es el de optimizar el bienestar general a partir del perfeccionamiento de las instituciones gubernamentales por medio de iniciativas consensuadas entre todas las clases sociales.

La lección IV ofrece una explicación sobre la instauración del modelo administrativo de la gestión, su significado, aplicación y racionalidad detallada. Es justo decir que principalmente han sido asimilados los modelos administrativos, de la escuela de pensamiento angloamericana, para así adecuarlos al caso mexicano, en particular el enfoque y herramientas como: *Calidad Total; Gestión Pública; Políticas Públicas y Gerencia Pública.* Los instrumentos referidos son diseños administrativos que muestran elementos innovadores con los cuales se procura que los gobiernos incrementen su desempeño e incluso sean generadores de riqueza.

No obstante, es necesario que el lector profundice en lo sucesivo en su análisis político, para entender de manera amplia los modelos y las técnicas administrativas. Es el estudio sobre el enfoque de la autoridad lo que permitirá razonar en torno a la dialéctica entre la autoridad y los gobernados, así como las herramientas específicas de la gestión en lo público. Todo ello, evitará caer en la entelequia del aprendizaje teórico y la práctica estéril. De ahí la importancia de estudiar inicialmente tanto al Estado como al gobierno, para después detallar cómo los ciudadanos reciben y reconstruyen la toma de decisiones, ejecutada a través de las políticas públicas tanto -de gobierno como de Estado-, con el propósito de atenderlos y optimizar sus acciones económicas y sociales.

Se plasmaron los elementos teóricos de la gestión pública, pues la propuesta aspira a apoyar al funcionario público en la elaboración sistemática de todas las disposiciones del responsable de gobernar, y así dejar de lado los vicios burocráticos comunes. La promesa no es exclusiva para el llamado *sector público*, sino que también puede ser aprovechada en las esferas de lo privado y social. Ante este panorama, la gestión de calidad se exige una herramienta para el gobierno y su brazo proveedor, con la idea de abandonar la visión ortodoxa de administrar únicamente personal, recursos materiales y financieros.

El texto de *Política y Administración, Regímenes: parlamentario, senatorial y presidencial*, así como *Gestión de Calidad*, puede servir en primera instancia como lectura de reflexión no sólo para el gobernante en turno sino para los servidores públicos que sientan la necesidad de mejorar e innovar su servicio a la comunidad. La pretensión es enriquecer las prácticas cotidianas de todos éstos, además de hacer eficientes sus propuestas. Así también, se enfocó el análisis de lo político y su administración de forma relevante, partiendo de los instrumentos universales que hoy día aplican los principales mandatarios del mundo.

Se puede asegurar que también es un escrito accesible al público poco avezado en la materia aunque también está pensado para la mayoría de los habitantes de este país, quienes tendrán el compromiso de estar al tanto de cómo son los modelos administrativos de vanguardia utilizados en países exitosos, ya que evidentemente está de por medio la calidad de vida de la ciudadanía, quien desea convivir en una nación con mínimos índices de peligrosidad y corrupción, abandonando el lastre de la pesada burocracia.

Es necesario tener conocimiento de los nuevos paradigmas como los que se plantean en el libro que usted tiene en sus manos. Al hacerlo, se establece implícitamente el compromiso una mejora continua de desarrollo en todos los ámbitos de la sociedad. El modelo de gestión pone en práctica esquemas de convivencia innovadora, por tanto, éstos plantean retos, pero también grandes oportunidades. El éxito o el fracaso en los tres niveles de gobierno, dependerá de la voluntad política que se tenga para instrumentar dentro de los planteamientos propositivos recomendados en el contenido del libro.

La última oportunidad de arribar al mundo competitivo radica en no permitir más las constantes simulaciones de las burocracias institucionales mediante planes sexenales y los programas asistenciales fallidos, conocidos por el personal dedicado a lo público como en lo privado. Durante años los mexicanos se han dado el lujo de rechazar los modelos administrativos presentados para disfrutar de mejores condiciones de vida. En contadas ocasiones se han realizado modificaciones, pero por lo regular se abandonan en poco tiempo. No hay duda, la gestión pública como herramienta de los administradores públicos mexicanos puede ser el instrumento eficaz para lograr el avance sustantivo que merece el pueblo mexicano.

Con el modelo administrativo de la gestión pública, se tendrán que prescribir las modas sexenales, como de hecho ocurrió con las propuestas del taylorismo de *eficacia* y *eficiencia*, en donde teóricos y prácticos se metieron en discusiones vicentinas. Todo esto llevó a un exasperado desencanto de propios y extraños.

En la quinta lección, se desarrolló la instauración del modelo de Calidad Total, enfocado al sector público, lo que debe coadyuvar a evitar las simulaciones referidas, esto, con el objetivo de desarrollar de forma integral la Administración Pública Mexicana. La invitación central es la de implantar el proyecto de calidad en las dependencias, así como en entidades del gobierno mexicano. Con ello, se evitaría una serie de mitos y falsas expectativas en torno a la eficiencia de éstas. El problema es que ha sido a nombre de la calidad en el servicio como se ha simulado modernizar al sector público, cuando en realidad sólo se han utilizado conceptos aislados, pero sin llegar al fondo para establecerlo como el motor de desarrollo.

La notable oportunidad de México estriba precisamente en aplicar los modelos de Gestión y Calidad; con ellos se perfeccionará el perfil institucional de la administración pública municipal, estatal y federal. El reto consiste en trasmitir las propuestas fundamentales del libro a casi dos millones de servidores públicos, que trabajan en el territorio nacional, para que primero lo interioricen, lo asimilen, hasta lograr una mejora notable en su ámbito de trabajo.

La aspiración es que este esfuerzo contribuya al campo científico y práctico, ya que el tema de la ciencia política y las llamadas ciencias administrativas siempre están en el centro de la discusión. El presente libro es un trabajo político-administrativo, no demerita en ningún momento las aportaciones técnicas que se puedan encontrar en otras investigaciones. Finalmente, es importante reflexionar sobre estos argumentos, pues ello, forma parte de una vocación de servicio, así como la de descubrir nuestras propias soluciones.

CAPÍTULO I

Estructura Política del Estado Moderno

*Nuestro modelo político no compite con instituciones que tienen
vigencia en otros lugares. Nosotros no copiamos a nuestros vecinos,
sino que tratamos de ser el ejemplo. Nuestra administración favorece
a la mayoría, y no a la minoría. Pericles*

Génesis del Estado Inglés

El origen del Estado nace de la impotencia del hombre para bastarse
a sí mismo, por ello tomó la decisión de unirse con otros hombres, y
al multiplicar sus necesidades en un mismo lugar, optó en ayudarse
mutuamente hasta lograr una sociedad constituida. Los fundamentos están
de acuerdo con sus insuficiencias de nutrición, conservación de su ser y
existencia. Tales penurias prioritarias son: la del alimento, la habitación y el
vestido. Así, ya una vez organizado, trabajará en razón de estas necesidades
conforme a la especialización de su oficio. Todo ello, indudablemente es
la génesis de ese *todo compuesto de partes* de nombre Estado, que en su
definición más acabada señala:

> Es un conglomerado de instituciones políticas, económicas y
> sociales, donde coexisten hombres y mujeres divididos en clases
> sociales, las cuales siempre estarán en constante contradicción
> luchando cada una por ser la predominante. La dominación se

1

realizara a través de una *Ley General* y organismos que legitimarán
el derecho de la clase suprema a gobernar a las demás.[3]

Hume está de acuerdo con Hobbes al decir que el hombre es un ser
egoísta por naturaleza, de ahí la necesidad de instaurar leyes y magistrados
para sortear el abuso e injusticia del poderoso. La justificación del Estado
fue precisamente que los hombres obedecieran las normas, así como a las
autoridades, y sólo así y no de otro modo, podría existir la sociedad humana.
Thomas Hobbes indicó en su momento:

> Un Estado es instituido cuando una multitud de hombres
> convienen y pactan el derecho a ser representados y protegidos por
> los otros [...] De las instituciones del Estado derivan los derechos
> y facultades de aquel o aquellos a quienes confieren el poder
> supremo por consentimiento.[4]

Antes de realizar un breve bosquejo sobre la instauración y desarrollo
del Estado Moderno en Inglaterra y los Estados Unidos de América, es
necesario indicar que las dos naciones tienen una constitución y forma de
gobierno de esencia oligarca, y no de principio democrático como pretenden
hacernos creer. No obstante, el carácter de ambos modelos políticos ha sido
reproducido por la gran mayoría de países del mundo. El objetivo general del
apartado es mostrar las diferencias entre las naciones arriba señaladas con
el modelo mexicano, examinando su génesis y comportamiento político y
administrativo.

Así tanto Gran Bretaña como los Estados Unidos, fueron constituidos
entre los siglos XVII y XVIII. Son aproximadamente tres centurias que los
separan del Estado Mexicano. El índice de desarrollo de esas dos naciones
representa una experiencia importante de organización en lo político. Es ahí
en donde con base en la concepción de propiedad privada se fundamentan
las acciones de la *Doctrina Económica del Liberalismo*. Frente a tal realidad, de
suma importancia que el pueblo mexicano tome en consideración la distancia
abismal que preexiste con esas dos grandes potencias tanto en lo político

---

[3]   Mario Raúl Mijares Sánchez, *Gobiernos generadores de riqueza; la administración
      pública del futuro*, EUA, Palibrio, 2012, p. 13.
[4]   Thomas Hobbes, *Leviatán o la Materia, Formas de poder de una república
      eclesiástica y civil*, México, Fondo de Cultura Económica, 2001. Capítulo XVIII
      Del Estado, p. 142.

como en lo económico, y no únicamente en lo histórico, para comprender el porqué del estancamiento del país. Recordemos que México escasamente se constituyó a través del pacto político de 1917, por tanto, es factible asegurar que es una nación joven, la cual tendrá por obligación asimilar las presiones de las potencias más avanzadas, y, por tanto, deberá adecuarlas a su devenir cotidiano.

Se puede afirmar que primero fue en los Países Bajos, sobre todo en Holanda, después en Inglaterra, cuando a finales del siglo XVI, se prescindió de la forma de gobierno monárquica en el Estado Feudal. Así fue como empezaron las sucesivas transiciones políticas, hasta alcanzar imponer gobiernos oligarcas. Primero sería la justificación ideológica en la obra monumental de Hobbes, el *Leviatán,* en donde éste aseguró que:

> El ser humano busca su propio beneficio siempre en perjuicio de sus semejantes [...] del mismo modo que la aritmética, los hombres que no son prácticos yerran forzosamente, son los hombres más capaces y prácticos que se engañan a sí mismo al inferir falsas conclusiones.[5]

Ese era el momento idóneo para definir la naturaleza del hombre moderno en un mundo que comenzaba a establecer sus relaciones en función del principio de la ganancia. Fueron ellos los que iniciaron el repudio a la esencia monárquica, aristocrática y republicana; fue ahí en donde el honor, la equidad y la liberalidad empezaron a perder terreno ante el empuje de la recién avaricia oligarca en razón de la usura para unos cuantos. Un esquema de gobierno explicado y por tanto, censurado por la ciencia política clásica, en donde Aristóteles ofrece una ilustración con más amplitud dentro de su obra *Política.*

La oligarquía inglesa impuso su principio político de la acumulación de riquezas, que distinguió no sólo a su sociedad sino también a sus colonias angloamericanas. Años después, dicho principio oligarca iba a instaurarse en la mayoría de los países de Europa, a excepción de España, quien lo decretaría dos siglos más tarde. El objetivo era terminar con las *Coronas* y las *Tiaras,*

---

[5] *Idem,* p.32. Resulta conveniente señalar que Rousseau al igual que Montesquieu, abrevan de los ideólogos ingleses para lograr sus teorías jurídicas. La idea de carácter ideológico de Estado por parte de Rousseau es: "El Estado es un mal, que se convierte en necesario cuando nacen las desigualdades entre los hombres".

acérrimos opositores a la desenfrenada acumulación de riqueza sin límites por parte de unos cuantos. Fue la clase adinerada, ya aceptada en la sociedad británica, la que llevó hasta sus últimas consecuencias su avaricia al grado de perpetrar el magnicidio feroz en contra de la Autoridad Soberana del Estado, el Rey Carlos I, y con ello la muerte del *Antiguo Régimen.*

La obra *Leviathan, or The Matter, Forme and Power of a Common Wealth Ecclesiasticall and Civil*[6], comúnmente conocida como *Leviatán* anticipa esa guerra perpetua en el estado de naturaleza del mundo moderno. Por ello, no resultó extraño que John Locke otro inglés influido por la lectura del momento, se desbordara en entusiasmo y, dentro de ese ambiente político, escribiese dos de sus obras más representativa; *Ensayo sobre el entendimiento humano,* y el *Ensayo sobre el gobierno civil.*

En esta última faena literaria, Locke fundamentó el moderno paradigma político y económico, para con ello justificar el derecho de propiedad e implantar una vía de guerra perpetua con la finalidad de suplantar el principio de la *liberalidad aristocrática* por el del *liberalismo oligarca.* El principio aristocrático se fundamenta en el equilibrio del dar y recibir; no obstante, la nueva oligarquía, impuso la *Doctrina Económica del Liberalismo,* basada en la pasión del tener a cualquier precio. Toda esta imposición se cimentó en el esquema religioso con base en la reforma luterana.[7] Y así, "En nombre de Dios", la clase en el poder justificó el adueñarse de todo lo público en favor de la posición eminentemente privada.[8]

Las obras de Locke representan el sustento de lo que hoy se conoce como capitalismo, el cual sería el inicio del individualismo más exacerbado con sus consecuencias reflejadas en un consumo compulsivo. Todo ello se dio con la conquista del poder por parte de la clase oligarca. Los sentimientos plasmados en la obra de Locke no son religiosos ni humanistas como pretenden algunos ideólogos hacer creer. Más bien, él sienta las bases del liberalismo y origina, de forma contractual, lo que hoy se conoce como *poder político.* La prosperidad del Estado, en particular de la oligarquía, es lo que

---

6   Publicado en 1651, su título hace referencia al monstruo bíblico Leviatán, de poder descomunal: "Nadie hay tan osado que lo despierte... De su grandeza tienen temor los fuertes..."

7   Martín Lutero fue un teólogo y fraile católico agustino que comenzó e impulsó la reforma religiosa en Alemania, y en cuyas enseñanzas se inspiró la Reforma Protestante y la doctrina teológica y cultural denominada luteranismo.

8   J. Locke, *Ensayo sobre el entendimiento humano,* Madrid, Editora Nacional, 1980. Y *Ensayo sobre el gobierno civil,* México, Ed. Nuevomar, 1984.

se ha manejado de manera ideológica, al sostener que el fin primordial de la sociedad política y de las leyes, no pueden limitar la libertad natural y los derechos de los ciudadanos, lo que viene a repercutir es precisamente en la misma privatización de lo que actualmente se conoce como sociedad civil.[9]

Patricio Marcos desarrolla los siguientes tres puntos fundamentales, con los que se aclaran los desvíos realizados desde hace años:

1º Que toda ideología del Derecho Natural Moderno, antes que pagana y científica, es estrictamente religiosa. Es un producto de la Reforma y la Libertad de conciencia protestante.

2º Toda filosofía del Derecho Natural Moderno se caracteriza por un claro y deliberado descentramiento del tema clásico de la teoría occidental, el criterio fundamental de la justicia, en beneficio del nuevo objeto al que otorgará, valga el pleonasmo, en un desmedido e inmerecido privilegio: la legitimidad política.

3º Finalmente, el tercer aspecto que conviene destacar, el de mayor trascendencia con relación al iusnaturalismo forjado en la modernidad, es que si bien dicha ideología surge como reacción frente a los fenómenos de anarquía o despotismo, antes que nada es una reacción contra la Autoridad Real, la forma de gobierno monárquica prevaleciente en Europa, a la que le atribuyen, justificada o injustificadamente, ambos vicios.[10]

Sin duda, esta aclaración conlleva un enfoque diferente a la realidad, se maneja en razón de la modernidad y ahora en plena contemporaneidad. La visión funcionalista de los ideólogos del capital pasa por alto el objeto del estudio de la ciencia política, que es:

El estudio de la Autoridad como fenómeno humano por excelencia, en virtud de ser la relación dialéctica entre el que manda y obedece, es decir, entre gobernantes y gobernados.[11]

---

[9] El Essay on Man de Pope, realiza un elogio a la sociedad civil, en una muestra típica de la época.
[10] Patricio Marcos, *El fantasma del liberalismo*, México, UNAM, 1986.
[11] Mario Raúl Mijares Sánchez, *Formas de gobierno (lecciones de teoría política)* EUA, Palibrio, 2011.

Fueron Hobbes y Locke quienes junto con Sir Robert Filmer, en su obra *El Patriarca* o *Poder natural de los reyes*, pusieron punto final a la forma de gobierno de monarquía. Entre ellos desataron una inusitada propaganda ideológica en favor del Parlamento inglés, instancia en cuyo seno se asientan los intereses de las oligarquías como son: la financiera, la industrial, comercial y terrateniente. Este periodo que es conocido como la *Revolución Gloriosa*, trance en el cual también aconteció el derrocamiento de Jacobo II, en 1688, por los representantes de la oligarquía en el Parlamento, donde sobresale la figura del holandés Guillermo de Orange.

Otro elemento importante con el que se inició el *Nuevo Régimen* es precisamente la querella entre las sectas religiosas, pero, marcado sobre todo, los profundos problemas políticos que desembocarían a la postre en embates de los seguidores de Oliverio Cromwell, todos ellos representados en el partido político de las cabezas redondas, el *Whig*[12]. Son estos integrantes de la referida organización política quienes de mejor modo encarnaron la usura y la especulación. Por otro lado, sus contrincantes del partido *Tory*, compuesto por los aristócratas terratenientes y la nobleza feudal, finalmente se quedaron sólo como comparsa.

Régimen Parlamentario

Tal como se explicó al inició del libro, la historia de los británicos es sumamente rica y trascendental para entender el mundo contemporáneo. Ellos tienen antecedentes y raíces biológicas con los romanos, galos, celtas y sajones, y por ahora conforman de manera conjunta con los Estados Unidos de América, uno de los imperios más poderosos de la posmodernidad.

La forma de gobierno republicana de Oliverio Cromwell (político militar fundador del Commonwealth), fue pasajera, pues concluyó con el regicidio

---

[12]   Los *Whig*, (vocablo que significa cuatrero) tomaron el nombre de los escoceses de las tierras bajas que se oponían a la monarquía, estaban en favor de que el Parlamento aumentara su dominio. Los *Tories,* el otro partido, utilizaron ese mote de la banda de proscritos quienes favorecían al catolicismo y a la monarquía tradicional. Los Tories ahora son el Partido Conservador y los Whig del Partido Liberal Británico, defensores de la *Doctrina Económica del Liberalismo*. En el siglo XX se fundó el Partido Laborista, el cual después de la Primera Guerra Mundial se convirtió en uno de los principales pilares del bipartidismo en ese país.

y con ello, la soberanía del monarca, para estar en favor de un *Régimen Parlamentario,* nada menos que el nuevo patrón que se erigió sobre las ruinas de la Corona.[13] Estos acontecimientos políticos, ahora históricos, dieron al Reino Unido la oportunidad de derrotar a la también imperial *Tiara pontificia,* anulando así el dominio de la Iglesia Romana en la Gran Bretaña. Únicamente la población de Irlanda se le concedió mantener sus creencias católicas, pero, con todo y ello, les fue impuesto el principio oligarca, así como la exculpación de esa nueva clase en el poder, cuyo padre e ideólogo es finalmente John Locke.

El gobierno oligarca inglés tardó más de medio siglo para poder instrumentar en toda la Gran Bretaña lo que hoy se conoce como el primer Estado Moderno. Se puede asegurar que después del periodo de la revolución de 1688, apoyada por los Whig, se establece el *Régimen Parlamentario.* De esta manera, se han permitido las etapas en que las constituciones oligarcas estuvieron conformadas y justificadas a través de las mixturas, conocidas en la jerga jurídica como constituciones relajadas o estrechas. Las cuales cobijan al nuevo modelo económico conocido como capitalista, extendiendo su dominio por todo el globo terráqueo.

La artimaña ideológica sobre la ganancia permeó por todos lados, consiguiendo nuevos adeptos, mediante la justificación de que, si los pueblos deseaban libertad, se debería instituir la propiedad privada: *Si hay propiedad privada, entonces hay libertad y democracia,* lo cual es una aberración aceptada hoy día. Esta tesis ha crecido de tal manera que se sustenta de manera jurídica con el término *Estado de Derecho,* un esquema depredador de lo público en razón de lo privado. Al inicio de ese periodo moderno, tanto los bienes de la Iglesia como las tierras de dominio público acabarían siendo particularizados. Fue el saqueo de los terrenos comunales en donde la tiranía de la propiedad privada usurpó la posesión feudal.

---

[13]   Oliver Cromwell, fue un político y militar inglés, quien implantó en Inglaterra el gobierno de forma republicana, el cual se le conoce como *Commonwealth of England.* Distinguido como Lord Protector, desde el 16 de diciembre de 1653, hasta el día de su muerte. Es una figura controvertida en la historia, David Hume y Christopher Hill, lo acusan de *regicida* por la muerte oficial del Rey Eduardo. Cuando fue líder congresista ordenó a sus soldados disolver parlamentos. Se mostró a favor del criterio de equidad en la justicia, pero encerró a aquellos que criticaron su política de incrementar los impuestos sin el permiso del Parlamento de Inglaterra. Cromwell fue ceremoniosamente reinstaurado con mayores poderes de los que se había ostentado el Palacio de Westminster.

Con dichos métodos se abrió paso a la agricultura de ganancia; los siervos fueron lanzados a la calle para que se convirtieran en trabajadores libres o bien en vagabundos. Era el nacimiento del mundo moderno, en donde la estructura política, económica, administrativa y social oligarca brotó por encima del modelo de producción feudal.[14]

Doctrina Económica del Liberalismo

La legitimidad moderna se refiere de forma exclusiva a la capacidad que tienen los pocos ricos para imponer a la mayoría el Nuevo Régimen de desigualdad basado en el principio de la riqueza.

La gestación del liberalismo moderno, primero en las Provincias Unidas de los Países Bajos[15] y después en el Reino Unido, representó el enriquecimiento privado frente a los derechos patrimoniales de la monarquía europea. A los siervos emancipados los convirtieron en vendedores de su fuerza de trabajo en las nuevas factorías.

Carlos Marx, en su escrito sobre el *Proceso de Acumulación del Capital*[16], ilustra cómo la acumulación original y sus trasformaciones sirven de punto de apoyo para comprender cómo se introdujo la moderna estructura moderna y capitalista. Lo anterior permitió que las grandes masas de

---

[14]   Otra figura inglesa importante fue Edward Sexby, soldado y autor del documento *Killing no murder* en donde aboga por el asesinato de Cromwell. Es uno de los escritos más famosos generados por la revolución inglesa, entre 1640 y 1660. Después de las obras de Maquiavelo y de Étienne de la Boétie, y algunos otros, es un clásico de la crítica de la dominación. Es el prototipo de la principal de lo que es el Estado Moderno. Sexby fue traducido al francés tan pronto como en 1658 por Carpentier de Marigny, un miembro de La Fronde de la banda del Cardenal de Retz; el cual se encontraba también en el exilio, después de su evasión de la prisión de Nantes, y juzgó oportuno de aplicar a Mazarino el razonamiento que condenaba a Cromwell. Protector. El título de protector, que tan célebre hizo después Crownwell, apareció por primera vez en Inglaterra en 1422.

[15]   Las Provincias Unidas o República de los Siete Países Bajos Unidos fue un Estado formado por Frisia, Groninga, Güeldres, Holanda, Overijssel, Utrecht y Zelanda, agrupadas desde de la Unión de Utrecht (1579) hasta la ocupación francesa en 1795.

[16]   Carlos Marx, *El Capital*, Vol. I, "Critica a la Economía Política", México, Ed. Fondo de Cultura Económica, 1973.

campesinos fueran despojadas violentamente de sus medios de producción, para ser lanzados al mercado de trabajo como proletarios libres. Esa fue la causa que propició la expropiación y privatización del suelo y subsuelo, así como sus productos energéticos.

Los elementos arriba señalados consagraron la modernidad, provocando en escala gigantesca el saqueo del dominio público, en particular la propiedad de la tierra. Los terrenos fueron regalados, vendidos, anexados de manera legal: la supremacía de la clase oligarca tenía en sus manos la creación de la *Ley General de Inglaterra*. El llamado progreso del siglo XVII y XVIII consistió en que, con base a las leyes impuestas por la nueva clase en el poder, la propiedad sería el vehículo de enriquecimiento. Todo ello, años más tarde, contagió y sirvió de ejemplo no únicamente en Europa, sino en la mayoría del planeta.[17]

Los viajes de exploración y las rutas comerciales, terrestres y marinas, confirmadas por Marco Polo, como los puertos en Venecia, Amberes, Ámsterdam y Londres despertaron de manera integral el interés de los europeos, ante la factibilidad de abastecerse de manera satisfactoria de productos agrícolas, especias, incluso de esclavos de África, procedentes del Oriente hacia el Nuevo Mundo. La incipiente globalización moderna de esos siglos, basada en la ganancia y acumulación del capital, continuó gestándose a través de los siglos hasta consolidarse en divisa del mercado mundial, lo cual origino un consumo, desmedido y masificado en pleno siglo XXI, donde la globalidad es ahora digital.

De esta forma el *Nuevo Régimen* se constituyó en un modelo parlamentario, en donde el gobierno civil de Locke estuvo basado en los despojos perpetrados hacia la población de acuerdo con los *"Bills for inlousure of Commons"* -leyes del cercado de terrenos comunales - que no eran otra cosa que la transformación moderna de los bienes públicos ahora en privados. Tales ideas iban a descansar desde el rigor de Locke, donde ahora el dominio político de los ricos les daría el derecho a la elaboración de su nueva *Constitución,* así como el derecho de beneficiarse en promulgación de leyes a

---

[17] Es necesario mencionar que John Locke, dentro de su teología moral, siempre estuvo al servicio de las oligarquías nacientes. Si bien la idea de que el Estado protege la vida, la libertad y la propiedad de los ciudadanos, la consigna es que los individuos conocen mejor sus intereses - se referían a la oligarquía- que los mismos gobiernos. De ahí se deriva la conocida máxima de *laissez faire, laissez passer.*

su conveniencia, las cuales estarían so pena capital para la reglamentación y protección de bienes privados.

Fue John Locke, formador e ideólogo del mundo capitalista con su *Doctrina Económica del Liberalismo*, quien a través de sus escritos logró fundar una sociedad de propietarios, todo ello con fundamento en leyes de privilegio para beneficio de la clase oligarca, lo cual tiempo después iba a determinar la conquista del poder. Una clase rica, pujante, que una vez que detentó el dominio sobre las demás clases, vino a afirmarse con el surgimiento de las máquinas, así como las fábricas manufactureras que ya se habían instalado, en particular dentro de las ciudades con puertos marítimos, en donde la exportación e importación de todo tipo de mercancías contaban con la anuencia para certificar su validez, incluso la venta de esclavos, de forma específica negros e indios.

El saqueo de la Indias Orientales a partir del descubrimiento de los yacimientos de oro y plata en México, Perú y Bolivia principalmente, sería sin duda el inicio de muchas calamidades para esas naciones subyugadas mediante las primicias idílicas de conquista y conservación del poder, en donde Holanda, Gran Bretaña, Portugal, Francia, España realizaron una constante colonización, con la impronta primaria de modificar las formas de convivencia en estas regiones, para después saquear sus riquezas.

El Parlamento del Reino Unido actual proviene, casi en su totalidad, del antiguo Parlamento de Inglaterra. Su instauración tuvo lugar mediante el Tratado de la Unión de 1706 y las Actas de la Unión de 1707, que revalidaron a aquél, para así implantar el nuevo Parlamento, en sustitución de los Parlamentos de Inglaterra y de Escocia.

En la Cámara de los Lores (House of Lords) los integrantes se eligen directamente de acuerdo con su trabajo político. Son dos tipos de representantes: los Lores Temporales y los Lores Espirituales. Estos últimos representan a la Iglesia Anglicana. Los Temporales conforman el resto, siendo la mayoría con derecho vitalicio no hereditario, nombrados por la Reina con la recomendación del Primer Ministro. Desde marzo de 2010, la Cámara de los Lores cuenta con 733 parlamentarios, 87 más que la Cámara de los Comunes, quién cuenta con 646. Sin embargo, la de los Lores es una cámara con poco peso político y decisorio, a diferencia de la de Los Comunes, en donde se encuentran los representantes de la clase oligarca. Es esta cámara la que va a representar el poder central de la nueva forma de gobierno en el Estado inglés.

La Cámara de los Lores sólo tiene la tarea secundaria de controlar la actuación del gobierno a través de preguntas, comisiones de investigación y vigilar las cámaras de televisión. Pero este control es supletorio, pues no tiene la facultad de cuestionar la responsabilidad del gobierno. Tan sólo tiene la capacidad de discutir los proyectos de ley, y lo hace de una forma libre, pero menos profunda y flexible, no tan rigurosa como la Cámara de los Comunes. También revisa las piezas legislativas que le son remitidas desde la Cámara de los Comunes, pero con poca carga política. Y, por último, la función legislativa permite a la Cámara de los Lores rechazar leyes remitidas por los Comunes, aunque únicamente por un periodo máximo de un año.

Finalmente, es una Cámara con reminiscencias de principios aristocráticos. La Corona es encabezada por la Reina, quien funge como Jefe de Estado, pero no preside las funciones del gobierno. Sus acciones simbólicas son en sumo protocolarias, como: inauguración de las sesiones del Parlamento, las propuestas de designación de ciertos cargos y sugerencia de veto de algunas leyes.[18]

La Cámara de los Comunes -House of Commons-, representa los intereses de la clase oligarca de esa nación. Esta cámara baja del parlamento británico tiene supremacía en temas legislativos y está determinada por las Actas Parlamentarias, las cuales establecen proyecto de ley para presentarlos al asentimiento real, sin necesidad de contar con el consentimiento de la Cámara de los Lores. Ellos no pueden retrasar una ley sobre fondos monetarios -una propuesta que según la opinión del Speaker de la Cámara de los Comunes se refiere de forma exclusiva a impuestos nacionales o a fondos públicos- por más de un mes.

Asimismo, las leyes de fondos monetarios aprobadas por la Cámara de los Comunes no pueden ser modificadas. Dicha representación es la rama más poderosa del parlamento del Reino Unido. Ambas Cámaras celebran sus sesiones en el Palacio de Westminster.

La Cámara de los Comunes elige al Primer Ministro, la posición de los partidos en la misma es de suma importancia. El Primer Ministro como representante del Poder Ejecutivo, rinde cuentas y debe tener el reconocimiento de la mayoría de los integrantes de esa cámara. Así, siempre que queda vacante algún cargo, él designa a la persona que posea mayor respaldo, que por lo general es el líder del partido con más representantes.

---

[18]   En el capítulo XIII del segundo libro de su obra *Ensayo Sobre el Gobierno Civil*, John Locke justifica a través de la Subordinación de Poderes a la comunidad política. El Órgano Supremo recae en el Poder Legislativo, sobre todo en la Cámara de los Comunes, en donde se encuentran representadas las oligarquías de la Gran Bretaña.

Desde la instauración del Estado Moderno, el primer ministro siempre ha sido una parte fundamental de esa cámara, éste puede permanecer en su puesto siempre y cuando conserve el sustento del congreso. La cámara baja puede indicar su falta de apoyo al gobierno votando en contra del voto de confianza, o proponiendo una moción de censura.

La Cámara está compuesta por 650 miembros, todos elegidos por votación. Aquellos que tienen mayoría de asientos en la representación, formarán parte del gobierno dentro del Gabinete. De esa manera el Primer Ministro tendrá como correligionarios de su partido, el cual siempre será el partido político ganador en las elecciones. El modelo bicameral tuvo su origen en Inglaterra en el siglo XIV.

La autoridad ejecutiva recae en el Primer Ministro, quien desempeña la designación de Jefe de Gobierno, auxiliado por veinte ministros más, los cuales se harán responsables de las carteras correspondientes. Todos ellos serán funcionarios del Gabinete, cuya función consistirá en poner en acción las políticas públicas del Estado, así como las del gobierno.

El que arribe con mayoría, sea el Partido Laborista o su contraparte, no cambia en absoluto la esencia oligarca del gobierno inglés. Estas organizaciones políticas jamás confrontan el proyecto de esa nación. Existe el caso de Anthony Charles Lynton Blair, mejor conocido como Tony Blair -político británico y primer ministro del Reino Unido entre 1997 y 2007-. Quién siendo dirigente del Partido Laborista trató de sesgar el esquema oligarca proponiendo la Tercera Vía, una especie de paliativo al Liberalismo salvaje que tiene ahogados a algunos pueblos del mundo. Según él, sería un tipo de ayuda a las mal llamadas "democracias latinoamericanas de economía mixta". Blair contribuyó a poner fin a treinta años de conflicto armado en Irlanda del Norte, valiéndose para ello de la pertinaz política Mo Mowlam, nombrada ministra para esa región.

La Administración Pública del Reino Unido de Gran Bretaña e Irlanda del Norte, -es el nombre oficial- está compuesta principalmente por seis órganos conductores a) El Parlamento, b) El Consejo Privado que es el órgano asesor de la Reina para la expedición de reglamentos, c) El Gabinete, brazo de acción del Primer Ministro y responsables de las áreas administrativas, d) La Tesorería, responsable del presupuesto y observación de su cumplimiento, e) Los Departamentos, son organismos dependientes de los ministros encargados de vigilar los lineamientos impuestos por el Gabinete oficial. Estos se ocupan de proponer los estándares de eficiencia en el desarrollo de programas.

El Régimen Parlamentario tiene un mecanismo en donde la elección del representante del gobierno -poder ejecutivo- emana del parlamento -poder legislativo- y es responsable políticamente ante éste. Así, por ejemplo, el garante del poder ejecutivo en caso de no obtener mayoría puede disolver al Parlamento o bien éste puede censurar al Ejecutivo y obligarlo a renunciar. Estas facultades son porque la oligarquía inglesa, es la clase suprema, por tanto, posee su dominio en la representación de la Cámara de los Comunes.

El gobierno británico implantó el *Servicio Civil de Carrera* dentro de su Administración Pública desde el siglo XIX, el cual está dividido en dos grupos: el *Senior* y el *Civil Service*. En este primero, se logran los escalafones más altos, formados por la cúspide de la pirámide organizacional, caracterizándose por gozar de un contrato personal que bien puede ser ajustado a las necesidades de cada Departamento, de acuerdo al catálogo central que incluye diferentes rasgos de remuneración.

El modelo del Servicio Civil inglés se caracteriza por darle a cada uno de los ministerios –Secretarías- la independencia para el reclutamiento, selección y promoción en el manejo del personal. Los ministros británicos se comprometen ante el Primer Ministro a administrar sin ninguna obligación partidista. Es necesario resaltar que cada uno de los ministros ostenta "responsabilidad política y jurídica". Este régimen está hecho exprofeso para su forma de gobierno oligarca basado en la ganancia de ahí porqué el Parlamento, tenga como tarea primordial, proteger la "propiedad privada" así como el "dejar hacer y dejar pasar", fundamento del Estado Moderno. El jurista inglés John Austin, expresó con todo el conocimiento del mundo:

> No hay nada entre el cielo y la tierra que no pueda hacer el Parlamento Inglés.

En este sentido, en el Imperio Británico no hay límites legales al Órgano Supremo del Estado, el cual recae en la *Cámara de los Comunes*. Esa nación no cuenta con una Carta Magna escrita, y tampoco existe tal separación de poderes, como lo marca el éter jurídico, ahí el órgano supremo: *It is the House of Commons*.

Régimen Senatorial de los Estado Unidos.

Alexis de Tocqueville es uno de los teóricos que mejor analizaron el gobierno y la administración pública de los Estados Unidos. *De la democracia en América*, es una de sus obras más reconocidas. Y es ahí donde señala que en el Estado Moderno son las clases ricas las que tienen el predominio ante las demás clases, aunque sean mayoría. Resulta importante decir que el autor evitó la categoría política de oligarquía en todo su trabajo, en donde escribe:

> Es de utilidad conocer el punto de partida de los pueblos para comprender su estado social y sus leyes. Norteamérica es el único país en el que se ha podido percibir claramente el punto de partida de un gran pueblo: en donde en todo se parecían a los hombres que fueron a poblar la América inglesa.[19]

Desde su arribo, los colonos ingleses siempre observaron las normas que se aplicaban en su madre patria, por ello, instauraron a partir de su llegada las primeras leyes, que fueron: el Contrato Social y el Código Penal. Así también, de forma inteligente instituyeron la legislación, semejante a lo escrito en la Biblia, principalmente teniendo como sustento el pensamiento de Moisés. Un ardor religioso y de libertad, pero sin perder de vista el principio político de carácter oligarca, imbuido desde la metrópoli.

Las colonias angloamericanas se constituyeron como las hijas predilectas de la madre oligarca, amamantadas desde el Reino Unido en pleno apogeo. Un imperio que ya se encontraba dominando en ultramar. En efecto, las *Trece Colonias* fueron establecidas con el modelo del liberalismo moderno; los recién llegados colonos impusieron y abundaron en las mismas ideas e intereses británicos. Es así como consiguieron reproducir la forma de gobierno oligarca, cuyo principio esencial es la ganancia.

En virtud de este paradigma, sería una constante avalancha de inmigrantes comenzó a registrarse, empujada todos los años hacia América y cuyo mercado de trabajo podía absorberla en su totalidad; además, el esquema de colonización mercantil era de carácter privado. Las empresas administradas por compañías monopólicas privilegiadas, generalmente sufragadas por la oligarquía financiera inglesa, cobraban no sólo los impuestos de los nuevos propietarios, sino también los préstamos para producir, los cuales muchos no alcanzaban a pagar, ello los obligaba a adentrarse cada vez más al sur del continente, ya sea para descubrir o conquistar tierras habitables.

La Guerra Civil de 1776 a 1781 representó el escenario político para que los nuevos propietarios pensaran en su emancipación de la metrópoli. Al mismo tiempo y a medida que se extendió la idea libertaria, los habitantes

---

[19] Alexis de Tocqueville, *La democracia en América*, México, Ed. FCE, 2001, p.53.

de las Trece Colonias estuvieron de acuerdo en constituirse en una nación independiente, pero sin perder jamás el vínculo asociativo con Inglaterra. Una de las propuestas más relevantes para plasmar su pacto político se originó en el territorio de Virginia, al redactar un escrito con base en la *Declaración de Derechos*. En dicho texto fue en donde se plasmaron los intereses de clase de la nueva oligarquía, la cual posteriormente iban a terminar configurándose como los Estados Unidos de América.

La Declaración de Independencia no sería más que el mismo razonamiento político de John Locke en su *Essay of Govermment*: una visión inflexible, en apariencia mediante la cual, la clase adinerada de las colonias le declaraba la su independencia a la poderosa clase oligarca inglesa. Lejos de pretender la igualdad de condiciones, se buscó la libertad de acción, algo muy similar a la *Revolución de los Santos*, al estilo Inglés: sin sangre. En nada se parece a la sangrienta *Revolución burguesa de Francia*, que se dio años después, ni mucho menos al arquetipo de independencia que se llevó adelante en los países latinoamericanos. Ante el intento independentista, la oligarquía inglesa estaba dividida, muchos de ellos incluso simpatizaban con la lucha de los colonos, quienes vislumbraron se trataba de todo un entramado justificatorio de la política colonial del parlamento inglés.

Se fundó la Confederación como un lazo de amistad entre las distintas entidades angloamericanas, las cuales conservaban su soberanía. De lo que se trataba era sólo de reemplazar el Parlamento Inglés por un Congreso compuesto por los nuevos representantes de los barones del dinero, quienes ya se encontraban en lo que sería la Unión Americana. El problema más grave que se suscitó fue cuando las distintas oligarquías, pretendieron establecer sus condiciones por encima de las demás.[20]

Los hombres más notables de cada región fueron invitados por los propietarios que exponían el plan para instaurar la Convención Federal, la cual finalmente tuvo lugar en Filadelfia, el 25 de mayo de 1787. A ella asistieron políticos e ideólogos destacados, muchas figuras quienes sin imaginárselo iban a conformar y ser referentes de la nación más poderosa del mundo. Entre ellos estaban Benjamín Franklin, Thomas Jefferson el cual sería el tercer presidente de ese país, así como James Wilson. Asimismo, dentro de esa pléyade de señores del dinero, sobresalieron emblemáticos intelectuales

---

[20] Las oligarquías son: la industrial, la comercial, la financiera y la terrateniente, esto es de acuerdo con la clasificación de la teoría política clásica.

como: Alexander Hamilton, James Madison y John Jay. Los tres dirigieron debates secretos, para más tarde ser sostenidos por los constituyentes.

El triunfo de los federalistas, conducidos por Madison, Hamilton y Jay, dejaron sin argumentos a los antifederalistas representantes de Virginia, Nueva York y Carolina del Norte, quienes al final se pronunciaron a favor de la corriente, para que así hubiera un poder central, fuerte y unido.

La *Constitución* escrita que rige en la actualidad norteamericana redactada, desde 1789, es la más antigua del mundo moderno y uno de los pocos pactos políticos que aún infunde respeto y conserva su eficacia. Pero no únicamente es la *Carta General* escrita más longeva, sino que también es un documento que no ha sido trastocado a través de reformas. Quizás por ello tal texto inspire un acatamiento importante para el pueblo de los Estados Unidos de América.[21] Ante este panorama, se confirma que la instauración de un modo cabal de constituirse, representa la causa primera en la conformación del Estado angloamericano.

Es justo señalar que los constantes artículos periodísticos de los Madison, Hamilton y Jay en *El Federalista*, contribuyeron para que la *Carta Magna* de esa nación tuviera la aceptación desde antes de ser aprobada legalmente. Bien cabe recordar que Alejandro Hamilton es reconocido como el padre de la *Constitución*. En seguida se plasma uno de los primeros artículos redactados por el joven abogado para el Diario independiente:

> Me propongo discutir en una serie de artículos los siguientes interesantes puntos: la utilidad de la Unión para vuestra prosperidad política. La insuficiencia de la presente Confederación para conservar esa Unión. La necesidad de un gobierno tan enérgico como el propuesto para obtener ese fin. La conformidad de la Constitución propuesta con los verdaderos principios del gobierno republicano. Su analogía con la constitución de Vuestro Estado. Y, finalmente, la seguridad suplementaria que su adopción

---

[21] Robert Bank, en una investigación iconográfica, señala que *la Carta Magna de Estado Unidos*, hasta 1992 tenía 27 enmiendas. Sin embargo, las enmiendas son propuestas para mejorar el escrito, y deben ser aceptadas por las dos terceras partes de cada Cámara del Congreso o por una Convención Nacional convocada por éstas. www.usia.gov/usis.html

presentará para salvaguardar esa especie de gobierno, para la libertad y la propiedad.[22]

Gustavo R. Velasco[23] señaló en 1943, que la inspiración de los tres personajes antes señalados revelan en sus escritos e ideas el gran influjo ejercido por parte de los constituyentes ingleses, a los cuales acudieron constantemente como fuente de sus artículos periodísticos, con la finalidad de comparar e implantar las nuevas instituciones políticas y administrativas, así como las cartas de las Trece Colonias de esencia eminentemente oligarca.

La misma cruenta guerra civil entre la Confederación norteamericana e injusta *Guerra de Secesión del periodo 1861 a 1865,* tuvo un interés imperial oligarca, la cual provocó una gigantesca deuda interna. Una deuda con los eminentes signos de la usura y de codicia, en donde los mismos oligarcas y nuevos barones del dinero norteamericano, se auto prestaron de manera especulativa. Para después por medio del gobierno establecido, y una vez terminado el conflicto, sería a través de grandes impuestos a la población para cobrar el préstamo. Hubo pobladores que no lograban pagar, por tanto, los banqueros y las autoridades les exigieron (una vez más) el pago a través de sus terrenos. La gran expansión de esa nación, se dio precisamente de esta manera, en la que a los deudores se les obligaba a vivir en la miseria o bien a continuar viajando al sur y norte de ese país.

Fue así como la bandera de la doctrina del liberalismo avanzó en los Estados Unidos, las empresas especuladoras lograron la explotación de todo lo público, además de la compra y explotación de las minas, el petróleo, el ferrocarril y demás fuentes de producción. Un nuevo y beligerante imperio financiero y mercantil se gestó en esos años, son los signos de la codicia acuñados desde de su origen.

Los particulares se dieron a la tarea de crear la riqueza, hasta lograr verdaderos imperios, y dejando dinastías que a la fecha continúan siendo los

---

[22] Hamilton, Madison y Jay, *El Federalista*, México FCE, 2000. Alejandro Hamilton, fue secretario de George Washington y se distinguió como coronel de infantería. Entre los tres autores que debían atender simultáneamente otras ocupaciones, publicaron ochenta y cinco ensayos.

[23] Gustavo R. Velasco, fue un abogado mexicano. Realizó estudios en la Ciudad de México y en Guadalajara, así como en el Estado de California, en los Estados Unidos de América. Estudió la carrera de abogado en la Escuela Libre de Derecho, formando parte de la generación 1922-1926.

forjadores del modelo capitalista angloamericano. Estos son algunos nombres de quienes, a sangre y fuego, impusieron su dominio político y económico:

John Davison Rockefeller empresario, inversionista, industrial, trabajó en el mundo de la industria petrolera, llegando al punto de monopolizarla. Fue el fundador y presidente de la Standard Oil, una gigantesca compañía que llegó a controlar la extracción, refinamiento, transporte y distribución de más del 90 % del petróleo de Estados Unidos.

John Pierpont Morgan, banquero que dominó las finanzas corporativas y la consolidación industrial de su época. Entre sus actividades destacan la fusión de Edison General Electric y Thompson-Houston Electric Company para formar la General Electric Company en 1891. La financiación para la creación de la Federal Steel Company la fusión de la Carnegie Steel Company y varias compañías más del sector del hierro y del acero.

Cornelius Vanderbilt I, también conocido como El Comodoro o Comodoro Vanderbilt, fue un oligarca estadounidense que amasó su fortuna gracias al transporte mediante barcos y ferrocarriles, logró la más extensa línea ferrocarrilera en los Estados Unidos.

Andrew Carnegie industrial, creó la Carnegie Steel Company en Pittsburgh, que más tarde se fusionó con la Federal Steel Company de Elbert H. Gary y con varias empresas más pequeñas hasta crear U.S. Steel.

Henry Ford fue el fundador de la compañía Ford Motor Company, y padre de las cadenas de producción modernas utilizadas para la producción en masa, revolucionó el transporte y la industria en Estados Unidos.

El establecimiento de instituciones políticas y administrativas, serían fundamentales en esa naciente potencia. La imposición del Senado como su *Órgano Supremo*, fue un fino y acerado modelo, en donde hoy día se encuentran representados los grandes intereses económicos de las supremacías de los Estados Unidos de América. Locke ya había considerado años atrás que el ejecutivo es un simple agente de la voluntad popular.[24]

Un *Régimen Senatorial*[25], similar pero con distinto nombre al modelo parlamentario de su madre patria, aunque ellos se auto/divulguen de asumir

---

[24]   La House of Representative, en tanto el Senado, constituye la salvaguardia más poderosa de la plutocracia de los Estados Unidos.

[25]   El Senado, en latín, Senatus; de senex, anciano. Fue una de las instituciones del gobierno de la Antigua Roma. Estuvo compuesto durante la mayor parte de la República por magistrados, y se encargaba de ratificar las leyes votadas por los comicios, el influir en los magistrados, dirigir la política interna y externa, las finanzas y la religión.

un *Régimen Presidencial*. Cuando en la realidad el mercadeo político al interior del Congreso, le permite el veto al responsable del Poder Ejecutivo, a través de la moderna norma del *Impeachment*. El cual les concede las facultades extraordinarias, para que, con la amenaza de Juicio Político, sancionar al presidente más poderoso que haya conocido el mundo contemporáneo.

En la *Constitución* adoptada hasta 1789, quedó establecido que la autoridad común se llamaría Congreso Federal, ahí se encuentra el poder supremo del Estado norteamericano. No hay duda, que el espíritu de J. Locke, estuvo presente de forma permanente en los constituyentes. En este país angloamericano al igual que en el Reino Unido, está inmersa la tiranía de la propiedad privada. Asimismo, se dieron el privilegio de que a través del derecho imponer leyes, además de la reglamentación para su protección, una clase acaudalada que ha desarrollado el más grande imperialismo de la época posmoderna. De Tocqueville, escribió:

> La Constituyente sólo fue formada para representar a una clase, y no a la nación.[26]

Utilizando las categorías de la economía, se deduce que esa nación está catalogada como: un régimen capitalista de producción, con base en la existencia de la propiedad individual, como fundamento esencial de aquel. El federalismo norteamericano se sustentó en el esquema que obligaba a sus pobladores a la conquista y especulación de nuevas tierras, y sobre todo a la defensa a todo costo de los territorios conquistados, o bien anexados en donde incluso México salió perjudicado por tales ambiciones. Así fueron expoliados: la Florida Occidental y Oriental, que España acabó cediéndole en 1821; la Luisiana, que Napoleón vendió a un grupo de terratenientes oligarcas norteamericanos. Así también, se produjo la anexión de Texas y la Alta California, estas últimas pertenecían a México.

Un Congreso norteamericano hecho a imagen y semejanza del inglés, tal como el jurista Maurice Duverger lo define: "El Parlamento de los Estados

---

[26] Alexis de Tocqueville, *El antiguo régimen y la revolución*, Madrid, Ed. Alianza 1982, p.79. De hecho, la doctrina afrancesada de Montesquieu, respecto a la división de poderes, logra un influjo importante en América, a pesar de que este autor se fundó en una mala interpretación del modelo inglés.

Unidos se llama Congreso".[27] Sin duda, una forma de gobierno con principios oligarcas, en cuyo fuero existe en la supremacía del Senado. La legitimidad de unos cuantos para imponer su ordenanza a una mayoría, dentro de un modelo de desigualdad basado en la apropiación de la ganancia y la acumulación de la riqueza por la clase suprema del Estado angloamericano.

La estructura, así como la composición de las cámaras es la siguiente. La Cámara de Diputados está representada por 435 de sus integrantes, elegidos por dos años en proporción al número de habitantes; de hecho, es un mandato muy corto, además de que está en razón de tareas nada gratas, como es la de legislar el incremento de impuestos, entre otros haberes poco encomiables.

En cambio, los senadores son elegidos por seis años, renovándose por tercios cada dos años; es precisamente esta institución en donde están personificados los intereses de la oligarquía financiera, industrial, comercial y terrateniente de ese imperio posmoderno. Las facultades constitucionales del Senado son enormes, similares a las de los integrantes de la Cámara de los Comunes en Inglaterra, ambas conforman en su país el Órgano Supremo. Cada entidad federativa de los Estados Unidos, asume dos senadores representantes, sea cual sea el número de habitantes.

El Senado tiene prerrogativas superiores como:

- Facultades de nombramiento.
- Responsable de la política externa.
- Debe ser consultado para la aprobación, de los siguientes nombramientos: de embajadores y cónsules; integrantes del Tribunal Supremo, funcionarios de la Administración Pública Federal. (Son cerca de 40 mil los empleados públicos que dependen de la decisión senatorial).
- El Senado, de manera frecuente, hace comparecer a los candidatos a elección, a quienes investiga sus quehaceres político y personal.
- En materia diplomática, los tratados internacionales deben ser sancionados por los senadores.
- El Senado ejerce dominio judicial en el procedimiento del *Impeachment*. (Juicio Político a un funcionario público que se le acuse de una actividad ilegal, incluye al presidente de los EUA)

---

[27] Maurice Duverger, *Instituciones políticas y Derecho Constitucional*, Barcelona España, Ed. Ariel. 1978.

Como puede observarse, estamos frente a un régimen senatorial con características parlamentarias tipo Gran Bretaña. El Presidente de los Estados Unidos de América es elegido por cuatro años, con opción a una reelección. Este elemento también lo pone en desventaja con los senadores, en donde el "líder del Senado es el vicepresidente" de esa nación.

Dentro de las relaciones entre el responsable del Poder Ejecutivo con el Congreso de ese país, conviene destacar que: sí bien en su *Carta General* se señala una separación de poderes, es el Legislativo quien supera en facultades a los otros dos poderes. Aunque teóricamente no se puede hacer demitir al Ejecutivo, tampoco éste tiene facultad para disolver al Congreso.

Otro de los aspectos significativos del modelo político y administrativo de los norteamericanos es la prerrogativa que tiene el Ejecutivo quien puede utilizar el *derecho de veto*, en ciertas leyes presentadas por el Congreso. De la misma manera, el presidente puede participar en las iniciativas de ley, lo cual está contemplado en la Constitución.

El encargado del Poder Ejecutivo posee prerrogativas para sugerir, a manera de presión al Congreso, determinados cargos en la Administración Pública, sobre todo al personal que lo asistió en su campaña electoral o de su confianza. Esto es a pesar de la existencia del Servicio Civil de Carrera, en donde se requiere de indiscutible inmovilidad del encargo administrativo, el cual fue obtenido con base al concurso de oposición.

Si bien el presidente norteamericano, goza de mayor contacto con la población, además de aparecer constantemente en los medios informativos, los senadores son menos identificados por la ciudadanía, y eso les provee más facultades para poder defender los intereses de la oligarquía, las cuales pagó sus campañas. Por tal motivo, se piensa que el presidente tiene mayores facultades y apoyo, lo cual es relativo en todos los aspectos. Ante esto, habrá que considerar siempre el fantasma del *Impeachment* en contra del Ejecutivo. Los mismos cordones de la Bolsa de Wall Street los maneja el Senado, de ahí la insistencia del porqué es un *Régimen Senatorial,* y no presidencial.[28]

---

[28] El Presidente Richard M. Nixon, dimitió el 9 de agosto de 1974 como Jefe del Ejecutivo y fue remplazado por el Vicepresidente Gerald R. Ford. Hasta entonces, sólo la muerte había acortado el periodo presidencial estadunidense. La enmienda número 25, realizada el 6 de junio de 1965 y Ratificada el 10 de febrero de 1967, dispone: "En caso de que el Presidente sea removido del cargo o que se produzca su fallecimiento o dimisión, el Vicepresidente se convertirá en Presidente". *Constitución de los Estados Unidos de América,* p. 58.

La tesis es sencilla y, por tanto, categórica. El gobierno de los Estados Unidos, es limitado en sus cimientos, por ello, únicamente hace lo que debe realizar respecto a su mandato constitucional. Para los juristas, a este limitante le llaman: Estado de Derecho, el cual se ha convertido en todo un postulado en varias partes del mundo, alimentado por las ciencias jurídicas y sociales.

El corolario que se desprende al examinar la forma de gobierno de los angloamericanos es que ellos utilizan un principio político de esencia oligarca, pero con un velo democrático, mixtura sin la cual no hubiese funcionado con éxito. Un modelo que no ha tenido trascendencia en otras naciones, por más que traten de imponer su esquema. El mismo régimen presidencial que aparentan ser no podría lograr tal estabilidad, en particular, porque se requiere del gobierno unipersonal, tal como sucede en México, en donde la misma y famosa separación de poderes queda como mera querella vicentina al analizar con detenimiento las experiencias contemporáneas.

Este rápido recorrido por la Gran Bretaña y los Estados Unidos se efectuó con el propósito de mostrar algunos aspectos que no se toman en cuenta a la hora de evaluar el desarrollo de estas dos potencias, sobre todo, cuando se pretende instaurar con una propuesta encaminada a optimizar el funcionamiento de la cosa pública, ya que de inmediato salta la idea de copiar modelos políticos y administrativos, sin adecuarlos al Estado Mexicano. El siguiente objetivo es demostrar que tanto sus formas de gobierno como regímenes difieren en esencia y estructura. Así, mientras las autoridades responsables no encuentren una solución viable al proyecto mexicano, no se podrá avanzar lo suficiente.

Santiago Madison, uno de los padres de la *Constitución de los Estados Unidos*, en el texto de *El Federalista*, da razón puntual de las potestades y funciones del Senado. Explica por qué -el órgano supremo de la Carta General del Estado angloamericano es el Senado-; la cámara de diputados sólo tiene la ingrata consiga de castigar con impuestos a la ciudadanía y defender los intereses de la plutocracia. Es así como está conformado el modelo político e ideológico de ese país, el cual se fundamenta en apropiarse unos cuantos la riqueza.

Sin embargo, después de la Segunda Guerra, el pueblo norteamericano presentaba un gran descontento, de manera específica la clase media, la obrera y campesina; por tanto, se ensayaron nuevas formas de convivencia en la producción. Para dirimir la controversia, se formuló el modelo de calidad con la perspectiva de integrarlo en todas las empresas.

La exigencia también estuvo dirigida a los gobiernos y su administración pública. En esta época posmoderna, fue hasta después del mandato de Clinton cuándo se consiguió poner orden en lo público. Según el Informe de la *National Performance Review*, se instituyó la Comisión de Desempeño Nacional, instaurada en 1973, para tener en los tres niveles de gobierno mejores resultados. Esto es lo que en gran forma le ha servido a Estados Unidos, para continuar su enorme desarrollo.

El Poder Ejecutivo tiene como tarea reducir el déficit federal a través de paquetes cuyos procesos de reingeniería han logrado avances en esa materia. La idea radica en no sólo disminuir los gastos, sino recobrar la confianza del pueblo angloamericano para promover en él la seguridad de que el dinero de sus impuestos será tratado con respeto. Durante la administración de Clinton, en el año fiscal de 1995 a 1999 se corrobora:

> Se ahorraron mil millones de dólares en Depuración de burocracia por reorganización, 40.4; Agencias, 36.4; compras -50% de ahorro anual en el total de gastos por compras, 22.5; Tecnología de la información, con ahorros debido a la modernización e infraestructura, 5.4; Intergubernamental, pagar cuotas de servicios por fuera 3.3; entre otros más que están en los apéndices del reporte. [29]

Los postulados teóricos de la escuela de pensamiento norteamericana, respecto a la buena administración pública, están cimentados conforme a las propuestas que se dieron en esta época, como fueron: la administración de la calidad; políticas públicas que superen los programas que no contaban con diagnósticos; presupuesto controlado con planes concretos; además del modelo gerencial creado para el sector privado.

Régimen presidencial mexicano

Resulta necesario recordar las premisas de la Constitución británica, la cual está fundamentada en la forma de gobierno de principio oligarca. Así pues, la *Doctrina Económica del Liberalismo* establece su dominio a través de

---

[29]   Informe de la National Performance Review, 1994, Apéndice A, B, impacto fiscal 1994-1999.

la clase adinerada, donde la ganancia y la privatización de todo lo público es el sustento del Estado Moderno. El otro elemento importante que identifica al gobierno inglés es la artificiosa sociedad civil erigida por ellos mismos. Según el manejo ideológico de Locke, los gobiernos no se originan primitivamente y las sociedades políticas no deben fundamentarse en nada que no sea mediante el consentimiento del pueblo.

No obstante, se tiene que reconocer el dominio político ejercido por la clase que conquistó el poder. Para el caso inglés, es la oligarquía quien se concentra precisamente en imponer las leyes de privilegio en razón de sus intereses para apropiarse de la ganancia, la cual se da en razón de la explotación de la mano de obra, la de hacer dinero a partir del dinero, tal como lo hacen los banqueros. El Estado de la Gran Bretaña se materializa por medio de su gobierno plutocrático, el cual es su parte activa, organizado en un régimen parlamentario, instituido para velar por los intereses de la clase dominante.

Es una sociedad donde los propietarios desarrollan un mando financiero y mercantil -acuñados éstos desde finales del siglo XVI- el mismo que se implantó en sus colonias y que se ha difundido en casi todo el planeta. La doctrina del ideal oligarca señala que la primera obligación del Estado es proteger la propiedad privada.

El caso mexicano ha enfrentado una realidad radicalmente diferente. Una nación con un atraso de muchos años respecto al modelo oligarca del liberalismo. En el siglo XIX, después de entrar a su vida independiente, se realizaron intentos para constituir el Estado Mexicano en lo cual se fracasó una y otra vez. La misma clase adinerada, en su mayoría terratenientes, continuaba firme en el ámbito económico y estable en lo político con el terrible tradicionalismo de tipo eclesiástico, fortaleciendo al *Antiguo Régimen*. En ese mismo siglo milicias y el clero impidieron instaurar un gobierno republicano y representativo. Al respecto Don Jesús Reyes Heroles dice:

> Escoger uno u otro sería decidir los destinos nacionales: pero la orientación liberal del país mantenía el *statu quo* con el retroceso de carácter conservador.[30]

En el devenir de las luchas internas del movimiento de independentista, las fuerzas nacionales enfrentaron la renovada y constante codicia del

---

[30] Jesús Reyes Heroles, El liberalismo mexicano, p. 337.

imperialismo europeo, en especial de Inglaterra, Francia y España, quienes hicieron caso omiso a las luchas libertarias que se dieron durante mucho tiempo por parte de sus caudillos, y donde el pueblo mexicano tuvo poca injerencia.

Aunado a esto, también las excolonias británicas, ya confederadas y en plena ambición expansionista, le arrebatarían a México la mitad de su territorio. Es durante la primera mitad del siglo XIX cuando se padeció un ambiente de inestabilidad y anarquía, con luchas intestinas todo ello derivado de los constantes alzamientos e invasiones. A pesar de ello se logró instaurar el *Acta Constitutiva de 1824*, en donde se aceptó un paradójico federalismo. Es mediante la asesoría indirecta expuesta en los escritos de Alejandro Hamilton, Santiago Madison y J. Jay en el diario El Federalista, que el poder Constituyente mexicano del momento, asimiló sus fundamentos como guía teórica para moldear este federalismo *sui generis* que perdura hasta la actualidad.

***

Los liberales mexicanos fueron un grupo de ilustrados que consiguieron avances importantes a través de gobernar con innegable equilibrio entre *el dar y recibir* con base al principio aristocrático de carácter liberal, y que nada tenían que ver con la doctrina del liberalismo inglés. De esa manera, Benito Juárez, ya como presidente de la nación mexicana, promulgó la *Ley de Desamortización* con el objetivo de terminar con los privilegios corporativos de la Iglesia Católica. Tales prerrogativas se traducían en una posesión por demás excesiva de capitales, hipotecas, bien muebles y tierras, las cuales les habían heredado los iberos antes de salir de estas tierras. En virtud de lo anterior, la idea de Juárez consistió en repartir dicho patrimonio, aquellos que tuvieran los recursos para hacerlos producir.

No obstante, el influjo jurídico francés hizo que Melchor Ocampo criticara las leyes de desamortización conocidas como "Manos Muertas", diciendo que:

> Era un abuso el tratar a los bienes eclesiásticos como propiedad del clero, pues estas seguían perteneciendo aun cuando ya no tenían dueño.[31]

---

[31]   Jesús Reyes Heroles, *Op. Cit*, p. 630. Asimismo, es conveniente que se revise a Aristóteles de *Política*, en el libro segundo, capítulo 1 señala: "Hay tres modelos

La diferencia entre la liberalidad del gobierno juarista con la del liberalismo oligárquico, es que éste último se refiere al vicio del tener. Es la acumulación siempre en razón de la *ganancia,* causa primera de la forma del gobierno plutocrático. Semejante al tipo de gobernabilidad que empezó a extenderse en el incipiente y aún no conformado Estado Mexicano, pero que sus habitantes empezaron a resentir.

Preexistían todavía los vestigios del *Antiguo Régimen,* y eso fue lo que no permitió constituir el Estado Mexicano. El mismo proyecto de industrializar al país, por parte de Lucas Alamán, fracasó por carecer de la materia prima necesaria en este caso de inversionistas o empresarios nacionales. Asimismo, se naufragó al querer implantar la doctrina del liberalismo, pues las bases del feudalismo *sui generis* aún continuaban presentes en pleno siglo XIX. Alamán hizo un llamado a todos los gobernadores de los estados de la república mexicana con la idea de presentarles y promover el *Plan Jalapa*, documento en donde se planteaba la trascendencia de instaurar un fomento económico e industrial a través de propuestas concretas.

Durante la segunda mitad del siglo, continuó el rezago sin que los distintos gobiernos consiguieran el despegue económico del país, determinando con ello el escenario perfecto para incrementar la deuda externa, un fenómeno que ha estado presente en todas las épocas de la vida independiente del país. Por ello, tampoco se pudo avanzar con la nueva *Constitución* instaurada en 1857, tal como sucedió con las *Leyes de Reforma* de la conocida República Restaurada. Tampoco durante el porfiriato se logró el avance necesario para aglutinar a las distintas clases sociales, dándose una vez más la imposibilidad de constituir el Estado. De ahí la causa de que el gobierno de tiranía porfirista perdurara por más de 30 años.

México lleva más de una centuria perdida, con el conocido atraso, intentando acercarse a los avances del mundo posmoderno, como Holanda, Inglaterra, Japón, Estados Unidos, Francia, Alemania cuya historia demuestra cómo países desde hace más de trescientos años su índice de desarrollo político ha florecido a través de gobiernos oligarcas. En la administración de Porfirio Díaz, únicamente se cristalizó la ambición oligarca extranjera, y

---

posibles de propiedad: o bien todos los ciudadanos deben poseer todas las cosas en común o no deben poseer nada en común [...] El no tener nada en común es evidentemente imposible, porque la polís o constitución es esencialmente una forma de comunidad y esta debe tener, al menos, una localidad", p. 711. En cuanto al tipo de propiedad que existe en México, será analizada en el siguiente capítulo.

en esos mismos treinta años se subastó el patrimonio de la nación, sin que ningún rico mexicano participara en las distintas ramas de la producción, creadoras de riqueza.

Un elemento decisivo para mantener hundido al país consistió en el alto grado de intervención oligarquía externa, la cual llegó a ejercer el dominio de la política económica de México. Asimismo, los préstamos condicionados amarraron a México, país deudor por excelencia. Al mismo se suscitó el control de los privados extranjeros sobre propiedades como: la minería, el petróleo, energía eléctrica, la construcción de vías férreas, los ferrocarriles, bancos, fábricas, sobre todo, el comercio de lo que se conoció como el oro verde, nada menos que la explotación exagerada de frutas y madera, que obtenía la United Fruit Company (UFC).[32]

Es a inicios del siglo XX, cuando los Constituyentes de Querétaro consumaron el *Pacto Político de 1917*, reconocido por todas las clases sociales. Finalmente sería la redefinición nacionalista frente a las ambiciones imperialistas, europeas y norteamericana. Durante el gobierno porfirista habían asentado sus ambiciones económicas en el territorio mexicano, apropiándose de aproximadamente una quinta parte de las tierras de la república mexicana.

Así después de casi una centuria, se logró constituir el *Estado Mexicano* con base a un proyecto político trascendental, con firme basamento para formar instituciones estables, que no habían tenido similitud en la historia del país. Los principales planes y programas para avanzar en el Proyecto Nacional, después del levantamiento armado de carácter democrático de 1913, descansaron en la aspiración republicana plasmada en la *Carta Magna de 1917*, la cual vislumbraba administraciones justas, respaldadas con expectativas de bienestar para el pueblo mexicano. Conforme a lo anterior Aristóteles señala:

---

[32]   La United Fruit Company (UFC) (1899–1970) firma comercial multinacional estadounidense, fundada en 1899 que producía y comercializaba frutas tropicales (principalmente banano) cultivados en América Latina, y que se convirtió en una fuerza política y económica determinante en muchos países de dicha región durante el siglo XIX y XX, influenciando decisivamente sobre gobiernos y partidos para mantener sus operaciones con el mayor margen posible de ganancias, al extremo de auspiciar golpes de estado y sobornar políticos.

La riqueza y la libertad son indispensables para la existencia del Estado, mientras la justicia y la virtud cívica son necesarias para asumir un buen gobierno.[33]

La virtud cívica de la que habla el estagirita consistió en el apoyo que recibieron los gobiernos del periodo comprendido entre 1920 hasta 1940; ciclo político en donde se privilegió a todas las clases sociales, sobre todo a las protagonistas de la gesta revolucionaria, como los obreros y campesinos, quienes quedaron representados en los artículos 27 y 123 de la *Constitución Política de 1917*. Con tales apartados, se suspendieron de tajo las ambiciones de la oligarquía tanto extranjera como local, pues quedó asentado por escrito que en México: -la propiedad sería pública administrada por el Estado-. He aquí la diferencia abismal con el ideal oligarca, mediante el cual imponen la justificación de que todo Estado está obligado a proteger la propiedad privada.

Con estas medidas constitucionales se aseguró el actual *régimen público de propiedad*. Y lejos de permitir *el dejar hacer y dejar pasar* de la propiedad privada, plasmada en la *Doctrina Económica del Liberalismo*, se prefirió salvaguardar a los campesinos sin tierra, quienes no hubieran sobrevivido, aquello que los economistas citan como *capitalismo salvaje,* y que se había dado en el gobierno porfirista. En virtud de esta circunstancia, que un gran número de académicos todavía no conciben el motivo de la intervención del Estado Mexicano en la economía.

Pero muy a pesar de todo lo plasmado en la *Carta General,* en la primera etapa gobernada por militares salidos de la revolución, -y que estuvieron en razón del modelo arriba señalado, no se implantó un esquema dogmático; es común que en este tipo de constituciones destinadas a representar a las mayorías se administré a favor de la igualdad de clases, sin detrimento de alguna de ellas. Todo ello ayudó a que México no cayera en el estándar del socialismo, como muchos afirmaron en su momento.

Así fue como se logró la conformación del Estado Mexicano, en el cual se fundamentó el primer Proyecto de Nación de carácter republicano, dejando atrás la consigna conocida de: *mucha administración y poca política,* entronizada durante el gobierno de Porfirio Díaz. Semejante distintivo de su política solo sirvió para hacer ricos exclusivamente a los extranjeros

---

[33]   Aristóteles, *Obras*, p. 794.

que explotaron a mansalva los recursos del país. De esta experiencia constitucional se derivan múltiples aprendizajes como:

a) Que la naturaleza esencial del *Pacto Político de 1917*, sería más republicana antes que ser oligarca o democrática.

b) La corriente del liberalismo mexicano del siglo XIX sirvió como bandera para erradicar el centralismo, y

c) La de abandonar la ideología eclesiástica impuesta por el viejo régimen de la Colonia. Se puede asegurar que, con la transición política de 1917, la expansión progresiva del capital externo quedó fuera al tomar el Estado el control de sus energéticos e inversiones estratégicas, siempre dentro de la rectoría de la actividad económica.

No obstante, la segunda etapa del siglo XX marcó tendencias diferentes en las cuales el pueblo mexicano vive actualmente. Se inició una coalición de intereses ajenos al proyecto nacional -esto sucedió dentro y al finalizar la Segunda Guerra Mundial-, en donde Miguel Alemán Valdés ya como presidente, modificó el esquema agrario de la repartición de tierras al enmendar la Constitución en ese rubro. Asimismo, apostó por la industrialización y promovió la producción automotriz angloamericana, entre otras pretensiones, siempre con el afán de atraer la inversión extranjera al país, sin el mínimo plan de desarrollo ni control.

La contradicción radicó en que México carecería de la infraestructura necesaria, tanto industrial como tecnológica para producir satisfactoriamente productos comerciales. A ello se le sumó la falta de empresarios mexicanos que con capital interno pudieran aprovechar los momentos coyunturales, de los países industrializados, al encontrarse ocupados por el conflicto mundial.

El optar por la industrialización en esas condiciones determinó un costo beneficio demasiado alto, pues se abandonó la producción agraria, originando consecuencias muy graves: desde el presidente Alemán se dejó de subsidiar al ejido. En este sentido, el campo no era competencia para los oligarcas terratenientes, sólo tenía como objetivo la autosuficiencia alimentaria para las familias de bajos recursos. Por tanto, el modelo de desarrollo sería padecido por los muchos, y disfrutado por los pocos.

Al finalizar el conflicto mundial, la presión geopolítica e imperialista se propagó en todos los ámbitos de la producción, en donde México nunca ha podido competir. Además, la coacción se dio para que los países llamados del Tercer Mundo instauraran la doctrina del liberalismo, ahora con el apelativo de neoliberalismo – el cual es el mismo objetivo pero maquillado y enmascarado, por su única innovación estribó en fortalecer las ganancias de los propietarios, pero sobre todo privatizar todo lo público.

Salinas de Gortari retornó al liberalismo porfirista dejando de lado los esfuerzos de los gobiernos posrevolucionarios, interesados en respetar el proyecto nacional. Ante este panorama, él terminó de liquidar a las clases campesina y obrera, pero por más que trató de seguir con el esquema de erigir ricos mexicanos, así como atraer capitales para que invirtieran, no lo consiguió, a excepción de Carlos Slim, quien ha diversificado sus inversiones. Ya para entonces, la *Constitución Política de los Estados Unidos Mexicanos* había sido reformada más de 500 veces, y el bisturí insaciable estaba en razón de la oligarquía externa e interna.

En este periodo sonó más fuerte el término *neoliberalismo*, como si fuera otro modelo económico distinto. En cualquier caso, ello ha servido para justificar la racionalidad económica del Estado, además de realizar la venta de las empresas públicas. Tal medida estuvo confeccionada por el imperialismo norteamericano, una propuesta global con la idea de entrar al juego del libre mercado mundial.

Tal política *neo* se ocupó únicamente de los problemas económicos, olvidándose de lo político y del bienestar social. Sólo sería una receta economicista, que lo mismo la aplican en las latitudes boyantes como en las pobres. El error de los tecnócratas ha sido administrar al Estado en lugar de gobernarlo, lo cual resulta fatal para la población en general.

La modernización salinista, ejemplificada al instaurar el Tratado de Libre Comercio (TLCAN), aniquilo toda posibilidad alimentaria. La falta de competitividad en todos los rubros ha sido la causa de las grandes importaciones, no solo de alimentos sino de comportamientos ajenos e incompatibles con la naturaleza del pueblo mexicano La decadencia del Estado Mexicano es cada día más grave, se ha perdido todo tipo de salvaguarda esencial en cualquier nación, de ahí la terrible corrupción, inseguridad, insalubridad y hasta la pobreza extrema que vive México.

Se dice que un buen inicio siempre tendrá un final pertinente. Por tanto, es necesario puntualizar, a través de la teoría política clásica, lo que se entiende por *Constitución:*

Es la ordenación de las diversas magistraturas de un Estado y muy especial de aquella que posee la autoridad suprema.[34]

Al mismo tiempo, en el presente capítulo es acuciante, tal como se hizo con los anteriores países, definir cuál es el órgano supremo en el Estado Mexicano, partiendo de la premisa del estagirita de que en todos los Estados existe un mando con estas características. La *Constitución Política de 1917*, en el Capítulo III, artículo 80, dice:

Se deposita el ejercicio del Supremo Poder Ejecutivo de la Unión en un solo individuo, que se denominará Presidente de los Estados Unidos Mexicanos.[35]

El encargado de la Institución Presidencial tiene grandes facultades reglamentarias como son: el nombramiento de sus secretarios de despacho. Otros altos cargos, como diplomáticos, consisten en la designación de mandos y disposición de las fuerzas armadas; nombramiento del Procurador General de la República, así como la potestad para recurrir a una declaración de guerra. Principios de la Política exterior y aprobación de tratados internacionales. Auxilio para el Poder Judicial; facultades de indultos; responsable único de la administración pública federal y su organización, son obras de sus atribuciones.

El precepto constitucional mexicano hace recordar la sentencia Bolivariana de que los países latinoamericanos necesitan monarcas con nombres de presidentes. Se debe recordar que Simón Bolívar[36] recorrió gran parte del Continente Americano, conociendo de cerca la esencia política y cultural de los pueblos de Latinoamérica. De este modo, Bolívar entendía muy bien la forma de gobierno de principios monárquicos, la cual estaba a flor de piel. Sin embargo, ésta ha permanecido inamovible hasta hoy día.

---

[34] Aristóteles, *Op.Cit.*, *Política*, Libro Tercero, capítulo 6.
[35] *Constitución Política de los Estados Unidos Mexicanos*, México, Editorial Porrúa, 2004, p.89.
[36] Simón José Antonio de la Santísima Trinidad Bolívar y Ponte Palacios y Blanco, mejor conocido como Simón Bolívar, fue un militar y político venezolano de la Capitanía General de Venezuela; una de las figuras más destacadas de la emancipación americana frente al Imperio Español. Contribuyó de manera decisiva a la independencia de Bolivia, Colombia, Ecuador, Panamá, Perú y Venezuela.

El depositar en una sola persona el ejercicio del Poder Supremo del Estado Mexicano, con las grandes facultades del encargado de la Institución Presidencial, conlleva a aceptar el carácter monárquico -el poder de uno-. La mixtura republicana y sus instituciones fueron las que determinaron el régimen presidencial mexicano tuviera una connotación distinta al de los Estados Unidos de América.[37]

Por muchos años, particularmente después de la época posrevolucionaria, la figura presidencial tenía, por parte de los habitantes de este país, un respeto máximo a su investidura pública y a representación privada. Todavía a mitad del siglo XX, los libros de texto gratuitos de la primaria mostraban al presidente de México como *padre de la patria*. De semejante tamaño era la imagen de la suprema autoridad de la nación.

Es a partir del arribo de los tecnócratas al poder ejecutivo, en 1976, cuando dicha potestad irrestricta empezó a administrar a México en lugar de gobernarlo. A partir de esa no ha tenido un estadista. En los últimos 40 años[38] se han vivido tiempos de desconcierto, quebrantos y decadencia, de manera específica en la sucesión presidencial, en donde el Poder Ejecutivo ha perdido el gran brillo que tenía la Institución Presidencial. Por otra parte, un buen número de académicos, sobre todo los sociólogos y hasta literatos, han venido confundido de manera terrible a la Institución con el hombre.

El objetivo de una gran cantidad de ellos fue acotar el "presidencialismo", lo cual es un error de conceptualización y falta de investigación teórica, pues

---

[37] Hay estudiosos que han realizado un estudio sobre el texto de Carlos Marx, en *EL Dieciocho Brumario de Luis Bonaparte,* en éste se hace énfasis, sobre las grandes facultades del encargado del Poder Ejecutivo, los cuales tienen atributos de un poder regio o monárquico. Existen elementos que tienen un símil al caso mexicano, como, por ejemplo; el de nombrar y separar a sus colaboradores, independientemente del Congreso. En México, cada sexenio el presidente estructura su aparato administrativo, nombra a sus colaboradores ahora mal llamado Gabinete, y sus facultades de nombramiento son similares. Lo mismo sucede con sus fuerzas armadas, y la de llevar como jefe de Estado, la política externa, todo ello, como parte de su autoridad constitucional. No obstante, el régimen presidencial mexicano, tiene otra historia y esencia distinta, principalmente cuando se logró institucionalizar la representación presidencial.

[38] El término proviene del latín statisticum collegium ("consejo de Estado") y de su derivado italiano statista ("hombre de Estado o político"). http://definicion.de/ estadistica/#ixzz3EHRskWTT. Según Patricio Marcos el estadista es aquel que no puede ignorar: "El mejor gobierno; El gobierno posible y el gobierno fácilmente accesible a todos".

el Régimen Presidencial mexicano basa su estabilidad política y social, en este modelo político, constituido con entidades sólidas, las cuales, a pesar de haber sido desgastadas por intereses oligarcas aún pueden rescatarse.

La realidad es que, si en México el responsable de la Institución Presidencial tiene grandes facultades políticas, jurídicas, económicas y sociales, es porque los constituyentes de 1917 sabían muy bien sobre los fracasos cuando se llegó a instaurar el modelo parlamentario en el siglo XIX. Asimismo, también estaban convencidos que únicamente con un Ejecutivo fuerte podía avanzar la nación.

La debacle inició con el encumbramiento de Luis Echeverría Álvarez como responsable del ejecutivo, quien nunca tuvo un cargo de elección popular. Sería la primera autoridad máxima con una carrera cien por ciento burocrática, no obstante, el haber sido el encargado de la política interna del país en la gestión de Díaz Ordaz, en donde conoció de cerca la fortaleza de lealtades no sólo del partido al que representaba, sino también a la estructura de un gobierno unipersonal.

El haber estado al frente de la Secretaría de Gobernación llevó a Echeverría a conocer la geografía política y social de la república en todos los confines una experiencia que no han heredado hasta la fecha ninguno de los sucesores a la presidencia en México. Ante esta circunstancia, todos ellos, ignoran las necesidades de las diferentes clases sociales, las diversas demandas de las diferentes organizaciones políticas, religiosas y económicas, más aún desconocen las carencias de las entidades federativas, románticamente llamada provincia mexicana. Por lo anterior, el eslabón de la cadena se desprendió y, por tanto, ha sido capitalizado por la clase oligarca, así como por las estructuras criminales.

La falta del oficio político se ha visto reflejada al interior del país, especialmente la ausencia de control y atención a las instituciones. Todo lo expuesto líneas atrás, ha conducido a la descomposición del Estado. Un ejemplo es el Ejercito Mexicano, recién en otros tiempos fue respetado y hasta admirado por el pueblo, pero desde la eliminación de carácter obligatorio del servicio militar de los jóvenes, se cortó de tajo el luchar donde se terminaban de adquirir las raíces nacionalistas. Lo mismo pasó con el Batallón de Caballería, éste fue el último símbolo republicano y de la patria, pero ha sido trastocado tanto por los presidentes en turno como por el narcotráfico. Sin duda, este es otro eslabón perdido.

Una nación administrada en lugar de ser gobernada es el vivo reflejo de la tecnocracia, al dominar de forma pasional la vida activa del país. Salinas de Gortari gritó en alguna ocasión: "haremos política y más política", lo cual no era otra cosa que el bestialismo sobre el carácter político del animal humano. El proyecto nacido con el *Pacto Político de 1917* lo fueron deteriorando a través de las privatizaciones todo lo público por medio de reformas y más reformas constitucionales. El objetivo sigue siendo, sin duda, la oligarquización del Estado Mexicano.

Por desgracia, las experiencias de más de doscientos años padeciendo graves problemas políticos, económicos y sociales registrados en la historia de México ha pasado a segundo plano en la consciencia del pueblo mexicano, incluyendo el olvido de la revolución democrática de 1913, guiada por campesinos y obreros. Un levantamiento armado que no estuvo abanderado por ningún partido político, a diferencia de lo sucedido en otras naciones.

La falta de visión y control político, además del desgaste a la Institución Presidencial, han dado como resultado la anarquía, en donde el -libertinaje social- es hasta cierto grado aceptado por las autoridades. Lo anterior es explicable por el amplio consentimiento para que la oligarquía externa e interna tenga también el -libertinaje económico- sin parangón en México. Con base a la privatización de lo público, la delincuencia de cuello blanco se focaliza en el mismo camino de la corrupción.

El otro elemento a considerar es la despolitización del pueblo mexicano. Han sido precisamente los gobernantes en turno quienes por medio de sus aparatos ideológicos llevan sus objetivos personales y de grupo hasta las últimas consecuencias. La reforma educativa que ha sido impulsada es para lograr la inequívoca masificación de los jóvenes, con el único propósito de convertirlos en maquiladores del conocimiento.

El ocupar la Institución Presidencial significa tener la autoridad suprema del país. Al presidente mexicano sería difícil hacerle juicio político, ya que para ello son necesarias las dos terceras partes de los votos del Senado para juzgarlo. Con este candado, sólo sería necesario que el presidente en turno, lo podría proponer, siempre y cuando fuera de un partido político distinto, de ahí su imposibilidad. Hasta el momento no se ha llevado en México un juicio de esa naturaleza.

La figura del indulto, la amnistía anula la sentencia. La primera es un acto concreto, la segunda es una medida más general, que se puede aplicar a un gran número de personas que sean acreedoras al perdón. Con todo, según algunos juristas, la amnistía debiera ser un acto propiamente del Poder Legislativo, por caer en su ámbito político-jurídico.

Al arribo de Vicente Fox a la presidencia, la institución presidencial tuvo su funeral anunciado, pues con él panista se modificó la estructura de poder, con lo cual, ahora es contraria a la plasmada por el Constituyente de 1917.

La autodeslegitimación de Fox al inicio de su administración fue el toque de queda, para que la figura presidencial se acabara de erosionar por completo.

Fuera de todo ese ámbito fidedigno del quehacer político, el presidente mexicano en su carácter de jefe de gobierno, al momento de ocupar el cargo promete: "guardar y hacer guardar la *Constitución* y las leyes que de ella emanen (Art. 87) Él es quien preside como representante del Poder Ejecutivo a su gran aparato burocrático, por tanto, también estipulará, el número de secretarias de estado que necesita para su buen gobierno.

Dentro de las salvaguardas del Estado, está el Congreso una figura política, jurídica y administrativa, en la que sus integrantes son los responsables de las soluciones neurálgicas en materia de Seguridad Nacional, una actividad casi olvidada en México. Por consiguiente, el legislador en ambas cámaras no debería desconocer los derechos y deberes que le impone la *Ley General* en ese rubro y otros más.

El presidente en turno es la autoridad máxima de la Administración Pública Federal, la cual es la parte activa del gobierno. Es el instrumento que sirve para aplicar las políticas públicas, plasmadas en su Plan de trabajo sexenal, y retomadas en los programas de cada Secretaria. La Administración Pública expresa la racionalización de los esfuerzos para cumplir con los compromisos adquiridos con la población en general, prometidos dentro de la campaña electoral. Es también el instrumento que sirve para apuntalar la eficiencia en el manejo de personal; de los recursos financieros y materiales.

La administración pública, tiene como reto avanzar en medio de una evaluación cada día más crítica. Los responsables de las distintas secretarías estén obligados a conocer los modelos administrativos contemporáneos, deberán adaptarse a la maquinaria administrativa en condiciones de demandas y oportunidades que se presentan de manera cotidiana.

Los procesos administrativos[39] cobran particular importancia por el grado de velocidad del mundo globalizado; sus efectos particulares se suscitan en un nivel de turbulencia natural en la sociedad virtual mundial. En efecto, el viraje estructural del gobierno mexicano requiere enfoques administrativos novedosos y dinámicos, que impriman un ritmo en tiempo y forma., con miras a incrementar las posibilidades de gestionar tareas administrativas benéficas hacia sus habitantes en general, en donde la injerencia de la

---

[39]   A process is a set of linked activities that take an imput and transform it to create an output. Un proceso es un conjunto de actividades relacionadas que tienen una llave de entrada y la transforman para crear una salida.

ciudadanía no signifique que el aparato gubernamental deje de hacer sus deberes.

Los responsables del Poder Ejecutivo se encuentran ante graves amenazas, pero también frente a importantes oportunidades para trascender. Antes de actuar, es menester tomar en cuenta la distinción entre la lealtad al hombre o con las instituciones. Al tener claridad, se podrá ir poco a poco hacia -una sociedad más abierta y menos tribal-.

Estado de Bienestar

Dado a que no es una categoría de la ciencia política, es importante definirla, por tanto, el Estado de Bienestar se entenderá al conjunto de actividades desarrolladas por los gobiernos, los cuales guardan correspondencia con la búsqueda de finalidades sociales y redistributivas a través de presupuestos anuales. En suma, consiste fundamentalmente en que el buen gobernante debe cumplir su atención y responsabilidad ante la ciudadanía por medio de acciones concretas. Tal labor la realiza de acuerdo con programas, ahora conocidos como *políticas públicas*, en los que es necesario tomar en consideración la productividad, pero a la vez el bienestar general. Siendo así, el Estado es un agente fundamental para esta satisfacción compartida en favor de todas las clases sociales.

El compromiso de quién diseña políticas públicas, debe considerar que la administración pública es la parte activa o visible del gobierno. Por tanto, éste asume leer bien los compromisos del gobernante en turno a la hora de atender todo tipo de organizaciones políticas, empresariales, sindicales, sociales, campesinas y religiosas. Asimismo, se refiere a los programas a desarrollar en materia de seguridad social como: transferencias en dinero a subsidios de desempleo o vejez; cuidados sanitarios, dentro de un sistema de la salud universal y pública; servicios educativos, al garantizar el acceso a la misma para de todos los ciudadanos, y suministro de vivienda entre otros servicios asistenciales.

En una relación de mercado, como viene sucediendo en México, resulta significativo revisar los subsidios, mismos que se hacen llegar no únicamente a los agricultores, apicultores, cafetaleros, ganaderos -necesarios en cualquier parte del mundo-, sino también a la población en general, a través de subvenciones a la electricidad, al transporte colectivo, (METRO) en la Ciudad de México, para citar algunos. No obstante, hasta el momento no se ha realizado un verdadero estudio sobre dicho bienestar, pues dicha prestación pública pierde su esencia cuando les llega a los partidos políticos, al proceso electoral, en donde la misma institución del INI desfalca terriblemente al país por sus costos exacerbados.

De hecho, este reciente proyecto de Estado de Bienestar en México se puso en práctica a inicios de 1980, con el objetivo de proporcionar una respuesta favorable a las demandas de la sociedad. De acuerdo con los especialistas, sobre todo en el área económica, tal propósito es viable en la medida en que los ciudadanos contribuyentes están satisfechos en el equilibrio del gasto público, considerando -el costo beneficio-. Todo ello, porque la economía de mercado representa por excelencia, la no regulación y el libertinaje económico -del dejar hacer y dejar pasar-.

La terrible paradoja es que mientras en países como Noruega, por ejemplo, el Estado de Bienestar es un modelo a seguir, debido a su excelente estructura política y económica sustentada en sus energéticos, sobre todo del petróleo, en México, los estragos de la pobreza obligan cada sexenio al gobierno a establecer compromisos políticos con distintas organizaciones, particularmente con los que participan en los procesos electorales, olvidándose de mitigar las condiciones de extrema pobreza, aun cuando todavía cuenta con probadas reservas petrolíferas.

Ernesto Zedillo, implantó durante su sexenio una política de austeridad, con terribles correctivos temporales, que no dio resultados concretos en la economía, pero sí logró un mínimo nivel de vida en los habitantes. El problema en las bancarrotas financieras de los países, lo primero que se afecta es precisamente el bienestar. Pero dado a esa terrible medida se origina la desnutrición en la población infantil, el desempleo, la carencia de educación, la insalubridad resultado final es la extrema pobreza.

El error habitual cometido por los gobernantes mexicanos radica en es que consideran al libre mercado como si fuera una panacea. Por ello, que cada día se pierde más de vista ese bienestar para todos. *La Doctrina Económica del Liberalismo*, la han venido implantando en la mayoría de las economías del planeta, con la promesa de cosechar importantes esquemas de desarrollo para el país receptor. Es de esa manera como se les asegura la posibilidad de asumir -estabilidad y gobernabilidad-. No obstante, tal modelo económico tal vez funcione en otras naciones; sin embargo, con todo, la historia en México ha sido distinta.

Los mismos ideólogos del gran capital a través de sus universidades han destruido toda posibilidad, de desarrollo al imponer sus intereses oligarcas por encima de los intereses de la mayoría. Así pues, cuando el Estado Mexicano, se desarrollaba con base al *Pacto Político de 1917*, lo empezaron a descalificar señalándolo como un ente faraónico monopolizador de los recursos, de manera especial en lo referente a sus energéticos. A pesar de que la misma letra de la constitución se lo permite. Las detracciones apoyadas por el gran capital han llevado a los gobiernos actuales a privatizar lo público.

El resultado de todo esto es que el beneficio social destinado a las clases trabajadoras urbanas y rurales, ya no lo está obteniendo. De ahí la necesidad de que los responsables de los gobiernos tanto el federal como los locales, diseñen programas enfocados a satisfacer los requerimientos de la población más vulnerable, pero con una nueva estrategia en donde se involucre de manera coordinada la responsabilidad, entre los entes público y privado.

Es necesario que el gobierno, a través de su brazo administrativo, sea capaz de elaborar programas de bienestar con eficiencia, aplicando los procesos del modelo de políticas públicas, siempre y cuando sean idóneo y con voluntad política para cumplir con los propósitos adquiridos. Al realizar el gobierno sus tareas, es factible que la ciudadanía asuma una corresponsabilidad. De esa forma, se puede abandonar el *modus operandi* de los programas tradicionales, y donde la gestión pública se convierta en el vehículo del beneficio integral.

La gestión pública y las políticas públicas son herramientas ideadas para tener una mejor manera de gobernar: ambos materiales tendrán que ponerse en marcha con el objetivo general de hacer eficiente su compromiso con la ciudadanía, pero haciendo que ésta tenga un lugar básico en la agenda de los asuntos públicos. Al llevar adelante tales propuestas se contribuye a:

- Recuperar la dimensión del factor humano en el desarrollo. Así, el gasto público puede brindar en: educación, salud y nutrición, con la perspectiva contemporánea conocida como inversión en capital humano, y no sólo para agilizar el aspecto productivo.
- Relacionar el desarrollo sustentable, lo cual implica en esencia promover el desarrollo equilibrado que involucre el proceso de innovación, en donde el responsable de los recursos agilice la dinámica económica; el incentivar las inversiones; estimular el desarrollo tecnológico pudiendo satisfacer las necesidades y las aspiraciones del ser humano.
- Orientar la atención para solucionar los problemas específicos.
- Colocar dentro de la realidad los costos, beneficiarios y la factibilidad del proyecto.
- La contribución al desarrollo de la vida comunitaria.

Lo que se pretende es darle un paso trascendental al ciudadano a partir de criterios de equidad, en razón de atender a todas las clases sociales sin detrimento de alguna. En el gobierno municipal, se deberán instrumentar programas con este tipo de enfoque, en donde se incluya a la comunidad a través de políticas regionales en donde cada área de la producción se aprovechada al máximo. Con este comportamiento regional se fortalecerá la creación de riqueza por parte del gobierno y de los empresarios.

La propuesta se sustenta en gobernar con honestidad brindándole a la administración pública la posibilidad no sólo de diseñar políticas públicas, sino instaurar una emergencia para abandonar los viejos paradigmas, los cuales por lo regular tendieron a uniformar las demandas y la homologación de los programas, pero sin resolverlos con prontitud A mayor participación, menores reclamos, a más libertad de acción, mejores resultados. Frente a este abanico de propuestas, el diseño ordenado y responsable de las políticas públicas lleva a la posibilidad de que el dinero de los ciudadanos sea mejor utilizado.

CAPÍTULO II

DE LA CONSTITUCIÓN EN MÉXICO

No hay nada malo en el cambio si se hace en la dirección correcta.
Mejorar es modificar, por lo que el ser perfecto o el que innova con
frecuencia. Winston Churchill

Modelo político - administrativo

El presente trabajo ubica a los gobernantes y gobernados en un ámbito nacional e internacional, tomando en consideración las adecuaciones políticas, económicas y administrativas experimentados en el mundo globalizado.

No está de más explicar mediante las herramientas teóricas de la ciencia política a ese todo compuesto de partes llamado Estado; por tanto, para su cabal comprensión, se dirá que el gobierno es quien le da vida. Así es como se podrán examinar con mayor detenimiento las instituciones, la estructura política, económica y social del complejo acontecer nacional. Dentro de ese entramado, la tutela gubernamental organiza sus relaciones para que cooperen las distintas clases sociales, siempre conforme a un orden legal y legítimo. En esa diversificación de clases, invariablemente una o varias de ellas detentan el dominio ante las demás, por tanto, desde la *Ley General,* así como las normas secundarias, estarán en razón de la clase que conquistó y conserva el poder. Esa será la causa primera para la defensa del llamado Estado de Derecho.

La instauración del Estado Moderno estuvo concebida para que la clase oligarca ejerciera la primacía legal ante los gobernados. De esa manera es como se impone la idea para que la llamada *sociedad civil* pudiera estar en el ámbito de lo privado. No obstante, tal significación se encuentra actualmente en constante conflicto conceptual.

En la forma de gobierno republicana preexiste la posibilidad de lograr el equilibrio entre las distintas clases sociales, y así darle el carácter constitucional. Así pues, la actividad social del Estado podrá atender a todas sin menoscabo de alguna de ellas. Es la oportunidad para que el gobierno administre con y a favor de una sociedad participativa, sin privilegios para unos cuantos. De hecho, la *Constitución Política de 1917*, así fue pensada y estructurada, por los constituyentes.

El Estado es el garante e intérprete del bien público, aun dentro del esquema oligarca, pues los órganos políticos, legales y administrativos son los únicos competentes válidos para promulgar la legislación que se postula al interior de este cuerpo constituido. Desde hace siglos, el Estado ha servido para mantener la unidad de la colectividad nacional, sin que esta categoría se tome como un soporte a la forma tiránica del poder. Todo ello sería parte de lo que se conoce como la *razón de Estado,* en donde lo político –estructural- está por encima de lo económico, administrativo y social.

La idea geopolítica de la plutocracia es la de abrir precisamente a ese todo compuesto, para instaurar en él el diseño de la consabida *sociedad abierta.* Aunque en México, desde hace más ya de 40 años, no sólo se haya privatizado sino también desconcentrado lo público. Han sido las mismas prerrogativas en los otros dos niveles de gobierno, el estatal y municipal, las que arrojan esa perspectiva privatizadora.

Todavía en la actualidad se busca por todos los medios posibles instaurar las reformas no sólo administrativas, esperando que la frágil realidad del país no se rompa. Las transformaciones realizadas desde hace más de 70 años han sido parte de la constante e ininterrumpida modificación del modelo político de 1917, incluyendo el rehuir a la injerencia del Estado en tanto eje rector del rumbo del país. Así como la de tener una economía mixta, lo que ha sido duramente criticado por los ideólogos del capital, aun a sabiendas de que la inversión externa es la única que participa como motor de desarrollo. Eso se da por no contar México con empresarios nacionales que carguen con el peso económico y social para promover el progreso, sobre todo para abrir fuentes de empleo.

La propuesta central es que este tipo de gobiernos, como el mexicano, empiece a dar soluciones a través de nuevos diseños administrativos como la *Gestión Pública o el Modelo Gerencial,* con el propósito de hacer eficientes a las autoridades y al mismo tiempo estén dispuestos a dejar de intervenir siempre y en todo lugar de forma burocrática, tratando de resolver cualquier tipo de problemas detrás del escritorio.

El reclamo generalizado de la mayoría de habitantes, sin importar si pertenecen a un sector pequeño, mediano o metropolitano, es precisamente que se atiendan las dificultades reales a las que se enfrentan de manera cotidiana. La herramienta administrativa de la Gestión Pública puede convertirse en un aliado para abatir los índices de rezago económico siempre y cuando se haga a través de un formato específico de cada programa social. Sería invariablemente a través del diseño pertinente y planeado de las políticas públicas como abriría el abanico de acciones tendentes a administrar con orden y correcto rumbo de México, en donde coexista una correspondencia entre el programa y los requerimientos de la población.

Asumir estos retos, es aceptar los nuevos paradigmas de la administración pública, bajo la idea de consolidar, primero, una ciudadanía educada, para después, en medio de una concertación entre gobernantes y gobernados, con el objetivo de resolver las demandas del pueblo mexicano. Con ello se dejaría a un lado el modelo ortodoxo de carácter burocrático, el cual por experiencia propia es lento en sus respuestas. Lo anterior podría ayudar a construir una sociedad con criterio participativo y, por tanto, consciente de su entorno político, económico y social.

Una de las exigencias centrales presentes en el mundo contemporáneo es la necesidad de que los responsables de gobernar adecúen las estructuras de su administración, con la finalidad de cubrir las solicitudes de las distintas clases sociales. De ahí la trascendencia de instaurar herramienta de la Gestión Pública, con la cual se logra simplificar los problemas y hacer eficientes los servicios demandados por la sociedad, en razón a los ofrecidos por los gobiernos. Lo importante es aceptar la innovación de aquel que toma las decisiones, para la incorporación de este instrumento conocido como Gestión Pública.

La experiencia chilena

Es importante mostrar de manera breve lo ocurrido en Chile para que el lector se forme su propio criterio respecto a las semejanzas y diferencias entre el país sudamericano y los gobiernos mexicanos, así como las expectativas que puede enfrentar un modelo político contrario a los intereses del imperialismo más grande de la época posmoderna.

En 1970 el presidente Salvador Allende ganó las elecciones en Chile e instauró un gobierno democrático, el cual pondría las bases para arribar al modelo económico del Marxismo, basado éste en la participación central del Estado, haciendo público todo lo privado. A la mitad de su administración, el pueblo chileno una vez más se manifestó en las urnas para elegir un Congreso con un alto porcentaje de votos, cuyo índice de asistencia de votantes fue incluso superior al logrado para elegir al presidente. Semejante hecho significaba el consentimiento del mismo modelo político y económico del presidente de ese país.

Sin embargo, ese segundo triunfo del pueblo chileno precipitó el -Golpe de Estado de 1973-, en donde los militares comandados por el general Augusto Pinochet, obedeciendo las órdenes de la gran oligarquía angloamericana, liquidaron el gobierno de Salvador Allende para instaurar una tiranía unitaria y abierta la cual duró hasta 1990. En reciente investigación, se certifica cómo Henry Kissinger dio luz verde a la ola de represiones de la junta golpista de Argentina en 1976. En este sentido, a raíz del surgimiento de comprometedores documentos desclasificados estadunidenses anteriormente, -y ahora, con la visita del presidente Barack Obama a ese país, justo en el 40 aniversario del golpe-, el gobierno promete revelar más sobre la historia oculta de la relación entre Washington y los países de América Latina.[40]

La estrategia política, económica y administrativa impuesta por Washington a los militares chilenos consistió en instaurar un -gran sistema- que englobara los reclamos del pueblo chileno expuestos en ese momento. Al interior, los obreros, campesinos y la clase media sentían el empuje de un neofascismo perpetuado por el gran capital, y, por otro lado, veían el ejemplo que producía la Revolución Cubana y el aliento del activismo del *Che* Guevara en Latinoamérica.

Sin embargo, el imperialismo angloamericano había fundado recientemente junto con el gobierno la Escuela Superior de Guerra de Brasil, en donde se forjaron los nuevos esquemas de aniquilación total para acabar con las guerrillas. En sus aulas se proporcionaban las bases ideológicas de la doctrina expansionista sobre lo que para ellos era la Seguridad Nacional en la geopolítica del mundo.

---

[40] La Jornada: 19/ 03/ 2016, p. 1. Alentó Kissinger la represión golpista argentina en 1976.

La propuesta de Pinochet para Chile fue precisamente retomar las enseñanzas de la escuela brasileña, y así imponer de forma institucional a la fuerza militar en función de velar por la "seguridad nacional", en donde se limitaría hasta sus últimas consecuencias la injerencia de las organizaciones obreras o de la misma ciudadanía en cuestiones públicas.

Las enseñanzas de esa escuela de carácter militar no tienen ningún problema doctrinal para apelar al gobierno tirano y aplicar a lo que se conoce como el *Estado totalitario*. Una vez dominada la disidencia, la reestructuración la realizaron con base a la *Doctrina Económica del Liberalismo*, y así lograr el clásico "dejar hacer y dejar pasar", es decir, todo aquello que los privados pudieran realizar en lo público. Las reformas del gobierno pinochetista se iniciaron desde 1973 hasta su salida: Pinochet, el ejemplo perfecto del presidente de una nación, el cual es protegido por el gran capital norteamericano e inglés.

Por si fuera poco, el general chileno no tuvo escrúpulos para traicionar al gobierno y pueblo argentino, cuando éste decidió retomar las Malvinas. El aparato de inteligencia de Pinochet sirvió de espía a la armada de Inglaterra y los Estados Unidos para informar todo lo que realizaban las fuerzas militares argentinas, lo anterior con la única consigna de facilitar la gran masacre de soldados argentinos.

Sin embargo, con el arribo del militarismo, el crecimiento de la economía chilena fue de hasta el 7% anual, consolidándolo en pocos años. Con ello, se redujeron los conflictos sociales e incluso la tasa de mortalidad infantil, dándoles a los habitantes chilenos un incremento en la esperanza de vida.

Al mismo tiempo, el gobierno transformó de forma radical la administración pública, e incluso redujo la burocracia de 650 a 157 mil plazas mediante reingenierías financieras y administrativas, así como privatizaciones, no únicamente en las empresas públicas sino hasta en el sector central. El Estado chileno pasó de controlar el 75% del Producto Interno Bruto (PIB), a sólo manejar el 4%, lo cual trajo una dramática despolitización del pueblo chileno al reducir las medidas de participación social, sobre todo en las universidades al imponer modelos académicos que no tuvieran que ver con la movilidad política y cultural.

Al inicio de la etapa pinochetista, grupos de empresarios chilenos, ligados a los militares, aprovechando la privatización, compraron a bajos precios las empresas estatales. La transición política se llevó a cabo a través de un plebiscito fraudulento representó la posibilidad de instaurar una nueva Constitución de papel; en ella precisamente se permitía que el 10 por ciento de las ganancias del cobre fueran directamente a las fuerzas armadas.

Asimismo, con base en la nueva *Carta Magna*, además de leyes orgánicas menores, se ajustaron salidas mercantiles de carácter privado. Con esas medidas, el gobierno pinochetista logró implantar las salvaguardas para el Estado chileno, para así instaurar el modelo oligarca, el cual lleva implícito el individualismo del ciudadano. Al terminar con el esquema de protección del Estado chileno al grueso de la población, procedimiento comúnmente conocido por los especialistas como *populismo*, también se reasignó que los partidos políticos jugaran su papel de legitimadores dentro de los procesos electorales.

Lo más trascendental fue que el proyecto administrativo chileno lo realizó personal procedente de la Universidad de Chicago, conocido como los *Chicago Boy´s*. Ellos instituyeron y operaron los modelos administrativos posmodernos, a partir de las reformas políticas y económicas, las cuales estimulaban a la oligarquía financiera, industrial, comercial y terrateniente, tanto extranjera como nacional, a participar en las ganancias.

El costo beneficio de tales modificaciones del gobierno de Pinochet, sólo los propios chilenos lo podrán señalar en su momento. Por lo pronto, los *transitólogos angloamericanos*, tipo Hunginton, quienes aseveran que fue un gran éxito, y que gracias a la reducción del gasto público y del aparato gubernamental, la recesión de 1982 -1984, Chile se sostuvo sin que su pueblo sufriera el problema financiero.

La Administración Pública Mexicana

Desde hace años el gobierno mexicano ha tratado de ajustar los nuevos modelos administrativos exigidos en el mundo actual. Tales adecuaciones desgraciadamente han sido obligadas más por los avances de la tecnología, sobre todo las de tipo virtual, que por potestad directa de las autoridades en turno. A instaurarlas pero sin dar pauta a la clásica simulación, se logrará atender a una sociedad más enterada, por tanto exigente y sobre todo más vigilante del ejercicio gubernamental.

Las modificaciones efectuadas en el ámbito público son un tema difícil de comprender, tanto en lo teórico como en lo práctico, debido a la falta de credibilidad en estos espacios. No obstante, urge la revisión de las estructuras del Estado, es necesario hacerlo, pues la tesis del modelo de la gestión lleva en muchas ocasiones a trastocar las instituciones, así como las organizaciones políticas y sociales.

Las constantes reformas constitucionales en México demuestran la incapacidad de los gobernantes para administrar nuestra esencia republicana en los momentos actuales. Así es como ellos piensan que se puede promover el desarrollo del país, pero estos reformadores se olvidan la mayor parte de las veces de las innovaciones mediante las cuales es factible progresar, en vez de ir modificando inmisericordemente cada sexenio el rumbo de México. Es verdad que existen otras causas internas y externas que obligan al responsable en turno a tomar decisiones para evitar las posibles crisis, sean políticas, económicas o sociales. Las dos causas primeras del desorden político-económico son la falta de productividad y de competitividad, con lo cual se pierde la oportunidad de acceder a los mercados internacionales.

Las reformas a la *Carta Magna* fueron impugnadas por la necedad de administrar en razón de la *Doctrina Económica del Liberalismo*, la cual requiere privatizar todo lo público. Semejante idea la han llevado adelante durante más de medio siglo, sin que se adviertan progresos concluyentes. El fundamento del proyecto político de 1917 ha sido proscrito, pero, por otro lado, la clase política, no termina de forjar un nuevo *Proyecto de Nación*. En nombre de la industrialización del país, se abandonó la producción alimentaria, con lo que se perdió impunemente toda la herencia histórica sólo por proteger los intereses de tipo plutocrático.

El reto ahora es cuestionar consensos encaminados a evitar problemas sociales; sin embargo, la dificultad es que los gobernantes mexicanos no se han propuesto a concertar con las distintas clases sociales, por el contrario se hallan más preocupados por atender a una sola -la oligarquía-. Tampoco lo han hecho con los partidos políticos, pues hasta ahora no se posee cuando menos un Sistema de Partidos, con la finalidad de que se respete lo avanzado por las anteriores administraciones, en razón del desarrollo de la nación. Es alucinante estar más atentos frente a los progresos y modificaciones de los países avanzados, pues el juego de la globalización requiere de una política externa más de ofensiva, de ahí el compromiso de ser competitivo.

Realmente, existe un paso sustantivo a los paradigmas convenientes en los métodos de producción y de servicios. El deber de todo buen gobierno consiste en promover constantes mejoras en la forma de administrar la cosa pública. Los especialistas en finanzas hacen hincapié en la importancia de que en México se fijen prioridades a la hora del gasto público, en particular cuando el país se ha sostenido con ese tipo de diseño. El hecho de que los privados exijan más participación en la economía, no quiere decir que el Estado Mexicano se olvide de invertir en educación, salud, seguridad y cultura, así como otros rubros prioritarios. No se puede dejar de lado el viejo esquema del gasto público, sólo por la inconformidad de las oligarquías externas, o por ser acusado de ser un gobierno *populista*.

Al plantear como inversión y no gasto público en ámbitos como la educación, los gobiernos se verán en la necesidad de mostrar resultados concretos; por tanto, los controles administrativos asumirán diferentes tareas. Los subsidios a la agricultura, los energéticos, el transporte, entre otros, estarán siempre observados a través de indicadores que le brinden al Estado información correcta para saber hacia dónde se dirigen estos impuestos en el plan preestablecido. Los gobiernos creadores de riqueza no tienen ningún riesgo para el mercado mundial de esencia capitalista, y menos que la plutocracia lo pueda inculpar de ser un Estado intervencionista o de fomentar una economía cerrada.

La reciente oligarquización del Estado Mexicano se llevó adelante desde el arribo del Partido Acción Nacional, en donde la nueva manera de gobernar estuvo en razón de que los privados fueran quienes sostuvieran el desarrollo de México. Con todo, aún se conserva la propiedad del subsuelo, aunque ya se les estén concesionado a las empresas de capital externo. Todo ello será mientras no se les ocurra realizar una *transición política*, pues al concretarla se puede asegurar que México cambiaría su breve historia, iniciada con la *Constitución de 1917*. Hay tres premisas que un buen estadista tiene la obligación de preservar:

> 1.- Soberanía, en donde el Estado Mexicano debe resguardar la integridad de la nación, concertando acuerdos que no pongan en peligro al país.

> 2.- Libertad, garantía irrenunciable en los planes de vida de los mexicanos, como son: la libertad de asociación, de creencias y de libre tránsito, entre otras en donde sea el mismo Estado quien defienda y vigile los derechos del ser humano.

> 3.- Justicia social, compromiso explícito que debe promoverse de forma continua en razón de todas las clases sociales sin distingos de una sola. El derecho ineludible al trabajo y a la educación, garantizado por el mismo Estado.

Estas son responsabilidades la cuales necesitan custodiar y, sobre todo, promover su evolución continua. El generar empleos o incentivar a los privados para suscribirlos, son condiciones de un bienestar concreto y focalizado. De ahí la importancia del lograr el desarrollo económico, el cual se viene realizando con el modelo del liberalismo, aun en contra de la esencia constitucional.

Ante las constantes reformas es urgente desarrollar la participación ordenada de los distintos actores del proceso productivo y del orden social, tal como ya se señaló. Los consensos son fundamentales para guardar el equilibrio político y, por tanto social. Resulta paradójico que todavía hace medio siglo, en México, se observaban notables avances dentro de la configuración del orden económico del liberalismo. Hoy día, sin embargo, en forma contraria, el pueblo mexicano ha dejado de tener aspiraciones, entrando de lleno al orden internacional que reproduce y amplía la conocida brecha norte-sur.

No es tarea fácil, el encarar una nueva realidad reformadora, pues se corre el gran riesgo de extinguir el Estado durante el intento, de ahí la enorme inseguridad padecida en la actualidad; solamente la paciencia política del pueblo mexicano lo ha sostenido, sin dejar de lado el apoyo del capital internacional para invertir en los esquemas productivos de su interés. Es esto lo que viene pretendiendo el gobernante en turno. En los últimos cuarenta años, todos han apostado por la transición a la plutocracia.

El escenario político del país ocupa un espacio donde se podrían desmembrar algunas confrontaciones, no únicamente de las posturas de la población en general, sino de los mismos intereses de la oligarquía local e internacional respecto a la preeminencia de clase superior, en donde el capital financiero querrá ser el dominador, dejando de lado a la industrial, comercial y terrateniente, lo cual será imposible que lo permitan estas últimas. El actual esquema pluripartidista que en lugar de beneficiar a la nación la ha perjudicado por la carencia de reglas de juego en el terreno lectoral. El gobierno está obligado a dejar claro que estas organizaciones políticas no fueron diseñadas para cumplir con la función del Estado, esa es la tarea que debe que realizarse en el orden de lo político.

Puede concluirse en este breve análisis que las reformas constitucionales han lesionado el progreso del país, pues se abandonó el único proyecto de Nación instituido desde 1917. Dichas modificaciones han desgastado las instituciones base. Así también, se han perdido las formas de convivencia, sobre todo con las clases obrera y campesina. Para resarcir semejante déficit, es necesario retomar el camino conocido como federalismo, para que las entidades estatales y municipios participen de manera activa en la productividad ante los desafíos de la posmodernidad.

Como las modificaciones estructurales adolecieron de consensos en todo momento, se propagó la inquietud social, reflejo de la falta de credibilidad a su modelo político. La legitimidad no necesariamente tiene que mostrarse a través de la fuerza o el dominio del hombre sobre el hombre, tal como lo manejó el sociólogo Max Weber.[41] Hoy día se puede buscar esa legitimidad en la vertiente donde la capacidad del gobernante permita a la ciudadanía ser parte activa en la solución de conflictos.

La propuesta para promover el desarrollo de México parte de contar con una gama de esquemas donde se establezca la posibilidad de instaurar el bienestar y, calidad de vida en todas las clases sociales, lo cual se puede obtener aún dentro del modelo político que se opera en la actualidad. El reto más peligroso que ha tenido la oferta de principio oligarca, es precisamente la imposibilidad de atender todas las demandas sociales. Como es sabido en la mayoría de los países del planeta las naciones están subordinadas a las reglas del gran capital; la misma relación geopolítica, impone esos cánones de supervivencia.[42]

Ante las circunstancias arriba señaladas, el mismo desarrollo de la sociedad exige de los gobiernos presentar un proyecto trasparente y claro de sus propósitos viables, pues con ello se facilitaría la puesta en práctica de los mismos. De ahí el deber de la administración pública, como parte activa del gobierno, la cual deberá eliminar las disfunciones y ser eficiente en su accionar, en especial, al revisar cuidadosamente la política externa en pleno proceso de globalidad e interdependencia.

Solamente en las llamadas sociedades abiertas, por el nivel educativo que poseen, se lleva a cabo la participación ciudadana con el objetivo de ayudar a resolver los problemas suscitados. De esta manera, los criterios de los espacios políticos son importantes para conseguir una interrelación entre sociedad y Estado. Resulta imposible intentar evaluar lo que sucede actualmente en México, debido a la carencia de reglas claras para los tres entes: el público, privado y social.

Se puede asegurar que la propuesta de Gestión Pública, como herramienta para la administración pública, deberá ser la guía de participación tanto de la autoridad competente como para sus habitantes. No se puede dar una sociedad civil sin cierta autonomía; en este momento el Estado Mexicano la tiene cooptada, y ese no es el propósito. Las organizaciones políticas y ciudadanas deben estar dispuestas a la manera de redes interconectadas con las autoridades y con la colectividad.

---

[41]   Max Weber, *Economía y sociedad*, México, Ed. FCE, 1997, p. 1057.
[42]   Geopolítica, entendida como la relación entre estados.

CAPÍTULO III

LOS GOBIERNOS POSMODERNOS

Las nuevas reglas

Clausewitz ofrece una máxima teórica respecto al comportamiento de un buen gobierno al argumentar que; "la política interna está en razón de la política externa".[43] También dejó escrito: "la guerra no es más que una extensión de la política, pero con otros medios", tal como sucede hoy día con la guerra por los mercados. En las últimas décadas del siglo pasado, los presidentes mexicanos entendieron la necesidad de entrar al torbellino del mercado mundial, por ello se propusieron consolidar cierta presencia internacional.

En el Estado Mexicano se decidió jugar un papel relevante en el mundo. En este sentid, hay ejemplos de tratados que fueron firmados en los últimos años, con:

- Chile. Entró en vigor el primero de enero de 1992. En ocho años, el comercio se multiplicó por siete. Por tal motivo el primero de agosto de 1999 se amplió la cobertura del tratado.

---

[43] Carl Philipp Gottlieb von Clausewitz fue militar prusiano, uno de los más influyentes historiadores y teóricos de la ciencia militar moderna. Menciona que la guerra no es un acto aislado, responde a objetivos políticos o económicos. La lucha por los mercados es una guerra constante entre los países.

- Estados Unidos y Canadá, comenzó en enero de 1994. Representa el 83% del total del comercio de México. Como resultado de este efecto, el país es el segundo importador de Estados Unidos y el comprador principal de Canadá. Destrozando así a los ejidos y pequeños propietarios sin recursos técnicos y económicos para competir.
- Venezuela y Colombia, fue firmado en enero de 1995. A partir de ese compromiso creció el comercio local en un 50%. En el año de 1999, las ventas hacia Venezuela serían de 430 millones a Venezuela y por 360 millones de dólares a Colombia.
- Costa Rica. Se formalizó el primero de enero de 1995. Las exportaciones mexicanas crecieron en promedio de un 26% anual.
- Bolivia. Se estipuló en 1995, a partir de ahí las exportaciones con esa nación las exportaciones de 99% e importaciones 99% quedaron libres de aranceles.
- Nicaragua. suscrito el primero de junio de 1998. En dos años, el comercio bilateral creció 74% y la venta de productos mexicanos en un 83%.
- Unión Europea. Entró en vigor el primero de julio de 2000. Este es el mercado más grande del mundo y realiza importaciones anuales por más de 860 mil millones de dólares. Es el segundo socio comercial y la segunda fuente de inversión extranjera directa en México.
- Israel. Pactado en julio de 2000, representó el primer tratado de México con un país del Medio Oriente. Israel es un mercado en crecimiento, el cual importa mercancía por 30 millones de dólares al año.
- Honduras, El Salvador y Guatemala firmados el primero de enero de 2001. Las exportaciones mexicanas a estos países de Centroamérica representan el 25% del total de las ventas de México hacia Latinoamérica.

Frente a estas acciones incesantes, las autoridades mexicanas necesitan continuar asegurando su política externa, con la finalidad de que al interior del país puedan lograr cierto grado de flexibilidad para atender los posibles problemas políticos y económicos. Sin duda, hay evidencias del avance en cuanto al comercio exterior, aunque no se puede negar la falta de competitividad por parte de los productores mexicanos, ni tampoco la incapacidad de respuesta por parte del responsable. Esto se refleja de inmediato en el incremento de la calidad de vida de la población.

Los teóricos posmodernos afirman que el universo no se detiene y en él nada permanece estático, por tanto, ellos hablan de evolución. Esta debe que ser la tendencia para que el país pueda continuar vigente y, sobre todo, hacer que su administración pública utilice las herramientas adecuadas. La propuesta de gestión en el ámbito de la cosa pública es una modalidad obligada a usarse en todas las áreas, pues las corrientes teóricas actuales han demostrado que en esta época los gobiernos no pueden hacerlo todo. Pero el no hacerlo se traduce en ineficiencia, la respuesta al momento de atender las peticiones de la ciudadanía quedarían insatisfechas.

La Organización para la Cooperación y Desarrollo Económico (OCDE) firmó en 1987 un documento elaborado a petición de los países integrantes de éste organismo son el propósito de que los gobiernos administren la cosa pública por medio de la gestión, haciendo a un lado sus acciones burocráticas. Lo anterior resulta todo un reto, en particular, en los rubros de gasto social, así como de políticas públicas para el bienestar.

La relación entre gobernantes y gobernados se lleva a cabo de forma directa vía los servidores públicos de todas las jerarquías. Para tales acciones, los funcionarios deberían estar dispuestos a abandonar la comodidad de su oficina, para de este modo ofrecer servicios de calidad. El modelo de Gestión Pública tiene que implantarse tan pronto se termine de establecer el Modelo Administrativo de Calidad Total, que exige tratar al ciudadano como ser humano con el nombre de cliente.[44]

El responsable del Ejecutivo, por ser el garante único de la administración pública, se halla obligado a conocer los modelos, tanto el de Calidad Total como de Gestión, para de esa manera les exigirles a sus empleados en todas las dependencias del sector público cumplir con los requisitos. No obstante, es imperioso tener cuidado con los términos como en de *gobernanza*, el cual viene utilizándose recientemente para tan sólo designar la eficacia, calidad y buena orientación de la injerencia del Estado.[45] Este tipo de términos sólo hacen ruido y no aportan nada en favor de los operadores.

---

[44]   Véase: Ministerio de Administración Pública. La transformación de la Gestión Pública. Las reformas en los países de la OCDE. Madrid, 1987.

[45]   La noción de *gobernanza* es a la vez polisémica y polémica. Se confunde muy a menudo con el término gobernabilidad. Aunque estos dos conceptos no son sinónimos, hay debate sobre los criterios que permiten distinguirlos. Ambos traducen la noción anglosajona de *governance,* aunque sólo gobernabilidad traduce *governability,* que se usa de manera más restringida. Los términos *gobernanza* y gobernabilidad se utilizan mucho en los ámbitos del *management privado,* de las organizaciones internacionales, de las ciencias sociales y de las

No importa que ser reiterativo, debe quedar claro que en todo Estado hay una clase dominante, y será a través de un órgano político y jurídico mediante el cual consiga establecer una *Ley General*, cuya estructura siempre estará a su favor, y no en el interés de las demás clases sociales. Una vez entronizada la clase en el poder, su prioridad estribará en elaborar un proyecto de nación, así como alternativas para responder por medio del gobierno de forma eficaz e inteligencia el cúmulo de necesidades, retos y desafíos de la vida política y social de esa nación.

En México, desde hace más de medio siglo, las reformas han puesto a prueba la aptitud de los mandatarios para aplicarlas sin tener complicaciones. No es tan sencillo asegurar la estabilidad política cuando se alteran las bases del Estado, ya que cuando se realizan tantas modificaciones, tarde o temprano éste deja de ser el mismo. La realidad histórica nos muestra una gran cantidad de cementerios en donde los estados yacen. En la misma dimensión mundial, y por permanecer interdependientes a la vía geopolítica, los nuevos intereses de la clase en el poder requieren estar muy atentos para adaptarse a los posibles escenarios que se presenten.

Lo anterior se suscita principalmente porque las relaciones externas contemporáneas surgen bajo un diferente orden político, ahora más coordinado por el conocimiento cabal del imperialismo posmoderno. La misma globalidad virtual obliga a los responsables de esos Estados a colaborar en asuntos que antes se hubieran tratado por separado. Por tanto, las reformas a la *Carta Magna* tienen una responsabilidad compartida, de ahí que éstas sean justificadas por sus ideólogos, quienes han hecho hincapié en la posibilidad de gobernar sin la presencia de modificaciones lo cual es falso.

En México, los constantes trastrocamientos constitucionales únicamente han implicado modificar el proyecto político inicial, así como la transformación de las instituciones con el objetivo único de adecuarlas a las necesidades de la plutocracia naciente. Es así como tales mudanzas son un reto constante, pues se verá en la necesidad de brindar respuestas encaminadas a evitar un nocivo impacto interno y externo.

En el mismo orden de importancia, dentro del Estado Mexicano se presentan los problemas financieros; la falta de liquidez para pagar la deuda pública habituales -un tema histórico que aún no termina-; el declive de

---

instituciones políticas tanto nacionales como regionales (por ejemplo, la Unión Europea.
https://es.wikipedia.org/wiki/Gobernanza

las tasas de crecimiento económico; el combate al crimen organizado; el deterioro ecológico; el vilipendio a los derechos humanos; el rezado a la educación pública entre otros factores. Todos ellos traen como consecuencia la necesidad inaplazable de ser atendidos, y de esta forma evitar que esos problemas continúen como un mal público.

El resquebrajamiento del Estado altera la vida política de sus habitantes, crea desencanto en las clases productivas, inician los cuestionamientos hacia la autoridad por parte de las organizaciones empresariales, incluso de la obrera, campesina, y fundamentalmente la política. La misma inconformidad de la población puede hacer imposible la buena marcha de ese país.

La estructura de lo político le ofrece al responsable del Poder Ejecutivo, elementos necesarios para darle un orden legal y legítimo a la toma de decisiones, ya sea como jefe de gobierno o como jefe de Estado. A nombre de estas dos responsabilidades, se realizan acciones disímbolas y multifacéticas para así administrar la cobertura asistencial de la sociedad. Sin embargo, ha llegado el momento en que por sus decrecientes y onerosos costos es justo replantear la actividad institucional y dejar de lado las ambiciones personales, de grupo, o bien, de una sola clase social.

La idea radica en que para atender de manera más ágil las demandas de la población es pertinente que la administración pública, en sus tres niveles de gobierno, aplique la Gestión Pública con objetivo de revitalizar sus tareas. Ante la resistencia a las innovaciones, en muchas ocasiones se deja de fuera toda posibilidad de diseñar políticas públicas idóneas, principalmente para garantizar los programas y aplicar las transformaciones requeridas.

Todo lo anterior significa que la mejor manera de atender a la ciudadanía es aceptar su participación; para ello, las autoridades están comprometidas a dotar de elementos que le permitan tal colaboración, todo por medio del acoplamiento de ambas partes. Es preciso reafirmar lo ya comentado respecto a los intereses de la clase en el poder, pues la mayoría de las veces no se concretan proyectos benéficos para el país es por el temor a ser desplazada. En efecto, la falla se encuentra al no observar los múltiples matices de la realidad, y por esa negativa, se detienen los posibles avances en todos los rubros de la sociedad.

La mejor manera de conservar el poder es cuando se atiende a las demás clases a través de asumir un gobierno que desempeñe bien sus tareas. Son pocos los Estados que se anclan en la inmovilidad. Ante esta circunstancia, se debe aplicar lo que los juristas citan como *Razón de Estado*. Tal vocablo sólo funge de salvaguarda constitucional, para auxiliar las pretensiones de clase para conservar su superioridad. Es un término usado como dogma religioso, pues garantiza las acciones legales, impuestas por el brazo ejecutor del gobierno.

Tales quehaceres se relacionan con lo que se conoce como *sociedad y Estado*, y que hacen que la clase superior no aparezca de manera pública; no obstante, ahí está presente. En este sentido, la aplicación de constantes modificaciones le brinda la oportunidad para proyectarse a otros horizontes, sin perder el consenso de esa sociedad. De este modo, la Gestión Pública se erige como un instrumento para la renovación constante de la vida activa de la nación, máxime en los periodos cuando la crítica se amplía considerablemente, es ahí donde el gobierno precisará adaptar su maquinaria administrativa, pues apelará más a la cercanía con los habitantes del país.

Estas propuestas eliminan la necesidad de introducir reformas, pues tal y como ya se señaló, dichas modificaciones alteran, reacomodan, desestabilizan y corrompen la esencia vital del Estado. Los países más estables son aquellos que no trastocan su *Carta Magna*. Al evitar las mudanzas se pone a prueba la capacidad de la autoridad para pilotar o dirigir los órganos encargados de legislar, diseñar y ejecutar no sólo políticas públicas de gobierno, sino también las del Estado, que son las más delicadas en su aplicación.

Los intereses de los representantes del gran capital formulan los criterios a seguir por los países deudores. A este respecto ha consistido obligar a las naciones insolventes a suprimir sus fundamentos políticos económicos, pretendiendo con ello obtener mejores condiciones para conseguir superiores ganancias. Continuando con las pesquisas, se puede afirmar que tanto las transiciones políticas como las reformas constitucionales seguirán realizándose en este tipo de naciones, para desgracia de habitantes.

Por otro lado, de acuerdo con las estadísticas del Banco Mundial, entre los países que han logrado que sus ciudadanos tengan una mejor calidad de vida se halla Canadá. Del mismo modo, la sugerencia de esta organización es que los gobiernos se comprometan a dirigir y organizar la participación en el rubro de trato humano. Dicho organismo indicaba en 1993:

> Los desafíos de los gobiernos, para lograr una mejor atención, es hacer cada más eficiente al sector público lo cual repercutirá en la prosperidad de esa nación [...] las autoridades gubernamentales que acepten los desafíos y que los afronten, se situarán en el pelotón que va a la cabeza. Las fuerzas actuantes que innoven su aparato administrativo, constituirán un componente importante para la prosperidad de ese país en el futuro.[46]

---

[46]   *La transformación de la Gestión Pública. Las reformas de los países de la OCDE*, p. 180.

De implementar adecuadamente las políticas públicas de Estado, en particular las concernientes a la política económica y monetaria, revitalizarían la capacidad del Ejecutivo principalmente en el manejo de la deuda externa. Asimismo, evitaría la dependencia externa, pero sobre todo, la latente pérdida del control estatal. De ahí la importancia que los gobernantes no se queden estáticos tanto al interior como la exterior del Estado.

Las políticas públicas son una reciente herramienta importante para poder sistematizar la información del asunto a tratar. Será desde el diagnóstico y la planeación de los distintos procesos como se pueda obtener una mejor toma de decisión, para incluso, instrumentar la viabilidad e integración dialéctica entre la autoridad y el beneficiario de esa política. Se debe que recordar que el Modelo de Calidad Total ya consiguió su tarea al implantar el trabajo de equipo, lo cual dará celeridad en la resolución del problema.

El uso de la Gestión por parte de los servidores públicos implicará que se logre reivindicar la vida pública del Estado, para que la autoridad responsable sea más abierta y receptiva a todo tipo de demandas y propuestas.

El análisis periódico dentro del proceso de las políticas públicas es fundamental, pues esto otorga la facilidad para conocer el presupuesto contemplado para tal programa, lo cual no permitirá caer en problemas políticos, financieros y sociales. Así pues, una buena política condice, no sólo la legitimación del gobernante sino la vida nacional. En cada buena obra pública, la ciudadanía estará segura de que se va por el camino correcto.[47]

Tal como se ha venido aduciendo, las políticas públicas no se restringen únicamente a las demandas sociales, sino también a otros rubros como la economía, la educación, la salud, entre otros. La cobertura es amplia y puede llegar a varios públicos, tratarse de una medida del gobierno.

El ámbito de lo público está debajo de la línea de ese todo compuesto de partes que es el Estado, y el significante se encuentra dirigido a toda la estructura y comunidad en general. También lo público es una forma de expresión de todas las clases sociales, las cuales tienen derechos y deberes con la autoridad, así como con su entorno. Lo público es el espacio donde se dan las contradicciones cotidianas, las necesidades, carencias, expectativas, pero también formas de cooperación. El objetivo en cualquier forma de gobierno

---

[47] Eugene Bardach, *Los ocho pasos para el análisis de Políticas Públicas*, (manual para la práctica) México, Ed. Miguel Ángel Porrúa, 1988. Es un texto ampliamente recomendable para su consulta.

es el de atender a la población en general sin detrimento de aquellos que no lo eligieron. Tal es la lógica del nuevo modelo administrativo, el cual se sustenta en tecnología avanzada con miras a solucionar los problemas de forma ágil.

Eugene Bardach señaló en 1996 en una conferencia impartida en el Centro de Investigación y Docencia Económica lo siguiente:

> El reto para el gobierno al aplicar las políticas públicas es darle articulación a lo público y privado.[48]

Lo anterior significa está de acuerdo en que lo público no sea terreno exclusivo del Estado, pues tal como ya se aseveró, las organizaciones empresariales y las ONG se hallan presentes en dicho ámbito. Lo público surge como contraparte de la burocratización, para convertir ese recinto legítimo en favor de la calidad de vida de la comunidad.

Con estos paradigmas posmodernos, se rompe con la idea de que lo público está en el espacio reservado al Estado, evitando con ello el *estatismo o monopolio* de éste. Lo más importante de la propuesta descansa en la posibilidad de recuperar el sentido público y su capacidad de conducción, con el anhelo de que la sociedad pueda apoyar ciertos programas de la administración pública mediante un trabajo voluntario.

A partir de las innovaciones es factible mejorar la función pública y, a la vez, acotar sus actividades burocráticas. Precisamente lo más criticado por la ciudadanía que paga impuestos es el excesivo aparato administrativo, el cual es improductivo en muchas ocasiones. El objetivo básico, y eje de las propuestas, es eliminar la ineficiencia pública. La Gestión Pública puede finalmente ser la respuesta para atender de forma ágil y sistematizada las necesidades de la población.

Esta quizás sea una de las soluciones para ir teniendo cierta credibilidad hacia las autoridades en turno, y dotar de legitimidad del Estado Mexicano. Esto ayudaría a no caer en la ingobernabilidad, pues al gestionar en ambas direcciones, se erigiría el factor determinante de la vida social de pueblo mexicano. No está de más, reiterar que al utilizar la herramienta de la gestión se lograrán acuerdos ágiles entre lo público, con lo privado y lo social, tal espacio terminaría de una vez por todas con el trillado *beneficio social*, un

---

[48]   Eugene Bardach es profesor en la Graduate School of Public Policy, de la Universidad de California, Berkeley, es integrante de esa facultad desde su fundación en 1970.

término abstracto que nadie entiende, pero condiciona que la administración pública no posea un objetivo claro.

En conclusión, se puede asegurar que la planeación y el control de las políticas públicas, vía gestión, ayudan a los gobiernos en sus tres niveles a sumar esfuerzos, con apego a la equidad transparente, en donde la administración pública mexicana debe jugar un papel decisivo, llevando a la práctica planteamientos teóricos de avanzada.

Calidad Total, aplicación de procesos

El Modelo Administrativo de Calidad posee las herramientas básicas para lograr implantar la educación y cultura de calidad. A partir de ellas, cada uno de los servidores públicos de todos los niveles jerárquicos, podrán impulsar ajustes benéficos en los procesos de la dependencia.

Por sentido común, todos los seres humanos concuerdan y se muestran a favor de contar con servicios de calidad, nadie en su sano juicio opina lo contrario.

La mejora continua requiere de un compromiso a largo plazo y de un esfuerzo incesante. Para que estas medidas tengan un impacto favorable, cada uno de los servidores públicos en todos niveles de la dependencia o institución gubernamental se obligaran estar involucrados en el proyecto.

El primer paso referido descansa en la responsabilidad del más alto nivel jerárquico, para que el desarrollo del mejoramiento pueda instaurarse. La dependencia pública debe dar ese paso con la idea de que todos comprendan el sistema general. La dirección o departamento encargado de la instauración del Modelo de Calidad proporcionará los métodos necesarios para hacer eficiente la administración pública, y uno de los más importantes es precisamente la educación en calidad.

Así cuando cada uno de los servidores públicos invierte tiempo y se esfuerza en aprender a optimizar el desempeño de su trabajo, se facilita el primer paso para cumplir con dicho papel en el resultado final. Lo anterior no sólo otorga la capacidad de realizar la parte que a cada uno le incumbe, sino que también ofrece la oportunidad de comenzar junto con los demás a mejorar de manera conjunta.

El papel del individuo en el mejoramiento de la calidad es:

1. Responder a las necesidades de la Institución.
2. Obedecer el compromiso para optimar
3. Cubrir una necesidad individual.

Al igual que la responsabilidad con la organización, el deber individual con miras a trascender tiende a ser de largo plazo y de manera continua. Requiere que todos participen por completo en los esfuerzos, para buscar consecutivamente nuevos esquemas a innovar. Cuando se hace el compromiso con el mejoramiento de la calidad, se provee desde el inicio un proceso continúo encaminado a satisfacer las necesidades de usuarios (clientes) internos y externos.

* * *

El modelo de Educación en Calidad está diseñado para contar con las herramientas prácticas y técnicas que puedan auxiliar a hacer de ésta una parte integral de los trabajos. Así como las secuencias de las sesiones, en ellas se muestran los conceptos básicos para guiar los esfuerzos del desempeño laboral.

1.- Identificación de Requisitos: se analizan los procesos de trabajo y cómo reconocer los requisitos que esos trabajos exigen.
2.- Uso de Prevención: se extiende el enfoque en los requisitos, con especial énfasis en la prevención de problemas.
3.- Comprensión de no Fallas: se analiza el compromiso a seguir para realizar adecuadamente los deberes del trabajo.
4.- El Precio del Incumplimiento: se presentan técnicas e indicadores para medir los procesos de calidad.
5.- Desarrollo del Trabajo en Equipo: se describen métodos para de manera coordinada lograr la mejora.
6.- Medición para el Mejoramiento: ayuda a decidir qué medir en el trabajo y cómo comunicar los resultados.
7.- Análisis de Problemas: se observan los problemas que enfrentamos en el trabajo y expone un método lógico para eliminar el incumplimiento.
8.- Eliminación de Problemas: continúa el enfoque en los problemas y muestra cómo pueden prevenirse.
9.- Mejoramiento de la Relación entre Usuarios Internos y Externos: ayuda a aprender a trabajar con usuarios internos y externos, concentrándose en el papel individual del servidor público para el mejoramiento de la calidad. Este apartado explica los conceptos básicos de la calidad

Hay cuatro Principios Absolutos de Calidad que guían nuestros esfuerzos para operar, administrar y perfeccionar los procesos de trabajo. El propósito es entender los conceptos que conducen a optimizar la calidad.

Todo trabajo que se realiza es un proceso, es decir, es una serie de acciones que producen un resultado. Estos efectos son los productos o servicios que satisfacen las necesidades y los deseos de los clientes. Para cumplir con sus expectativas, primero es necesario identificar sus requisitos.

Estos lineamientos describen el producto o servicio. Por ejemplo, si el usuario demanda una cita a las 9:30, requiere un documento específico o pago de servicios, éstos son requisitos. Son expectativas del consumidor hacia el producto o servicio. A menudo, las expectativas de éste se expresan en términos de concordia, comodidad y facilidad de uso.

Cuando esto sucede, el servidor público, en tanto proveedor del servicio, debe manejar su conocimiento dentro de los mecanismos utilizados por la dependencia u organismo descentralizado a fin de traducir estas necesidades o deseos de requisitos específicos en la atención y rendimiento satisfactorio del producto.

Entender los requerimientos del trabajo ayuda al servidor público a cumplir con las necesidades de los usuarios, internos o externos, pero sobre todo a prevenir problemas. Esta es la base del mejoramiento de la calidad.

Los Cuatro Principios Absolutos de la Calidad son aquellos fundamentos que utilizamos para operar, administrar y hacer más eficientes los procesos. Los Cuatro Principios Absolutos de la Calidad son:

10.- Definición
11.- Sistema
12.- Estándar de Realización
13.- Medición

Definición: ¿Qué es calidad? Todos tenemos una opinión al respecto. Todos hemos tenido problemas con la calidad: una computadora que no sirve al intentar ponerla a funcionar, ya sea en casa o la oficina; una comida inaceptable en un restaurante; errores en la cuenta de algún recibo telefónico, energía eléctrica; un empleado descortés. En la oficina, muy a menudo pensamos que la forma en como se hacen las cosas no es la adecuada.

Con base en estas experiencias, cada uno de nosotros ha adoptado su propia definición en torno a dicho concepto. Hay quien dice que calidad significa *excelencia*, mientras otros se refieren a ella como *algo bueno* o *algo magnífico*. No obstante, para superar la calidad de nuestro trabajo, debemos definirla de manera tal que signifique lo mismo para todos. Así pues, Calidad es el rendimiento óptimo para cumplir con los estándares en cualquier producto o servicio.

La definición, *cumplir con los requisitos* es fácil de entender para todos. Un producto, servicio o proceso de trabajo posee o no posee tales condiciones; no es cuestión de opinión. Reunir los requisitos básicos puede observarse y medirse con facilidad. Si éstos no se alcanzan, se cae en un incumplimiento.

¿Cómo se puede cumplir con los requisitos y hacer de la calidad una parte integral de cada trabajo? Una forma de asegurarse de llevarla a efecto es a través de la evaluación u observación. Como resultado de semejante ejercicio, se toma la decisión: el trabajo tiene o no tiene un buen desempeño. Pero observar sólo para separar lo bueno de lo malo, no ayuda a mejorar. Para la calidad se necesitan políticas, sistemas o métodos basados en el principio de prevención. Dicha palabra implica comunicar, planear, probar y trabajar, de tal manera que se elimine el incumplimiento.

En la vida cotidiana, con frecuencia utilizamos la prevención. Llevamos nuestro automóvil a revisión periódica para evitar reparaciones costosas y así mantener su motor funcionado bien. Asimismo, visitamos al médico y dentista con regularidad para prevenir enfermedades, pretendiendo con ello gozar de buena salud.

No obstante, raras veces se recurre a esta práctica en el trabajo. Se labora poco pensando en las acciones que realizamos, las cuales afectarán a los otros en la organización. Si algo no sale bien, el servidor público da por supuesto que el responsable general deberá encontrar el problema posteriormente en el proceso, por medio de la inspección. No entiende por completo lo que requiere el usuario del servicio, o se supone que no le importará si no reúne todas las normas. Sin embargo, se puede aprender a evitar problemas al cumplir con los requerimientos, siempre buscando constantemente la manera de trascender, no solo en el trabajo sino en la vida personal.

El Estándar de Realización: El Tercer Principio Absoluto habla de la necesidad de un estándar contra el cual se pueda comparar el desempeño de cada trabajador. Se tienen estándares de realización para la calidad, los costos y la programación. Lo correcto sería que el trabajo realizado satisficiera los criterios a tiempo y dentro del presupuesto asignado.

A pesar de todo, en la vida real no siempre es este el caso. En ocasiones nos vemos forzados a tomar decisiones que nos hacen sacrificar la calidad de nuestro trabajo, por alcanzar una meta de costo o de programación. Sin el compromiso con la calidad, es difícil cumplir con un propósito programado.

Sin un compromiso total con la calidad, es complicado lograr todos los requisitos, incluyendo los costos y programas.

Para hacer efectivo este tipo de encomienda es preciso contar con un *estándar de realización*, el cual sea entendido por todos. Los estándares de realización convencionales para la calidad se pueden resumir en la frase: *así está bastante bien*. En otras palabras, los requisitos deben cumplirse algunas veces, o bien, la mayoría de ellos debe efectuarse siempre.

La dificultad con estos estándares de realización es que son imprecisos y transmiten un mensaje equivocado. ¿Son aceptables ciertos incumplimientos? ¿Son justificables algunos errores? ¿Recibirá el usuario algunos productos terminados o servicios con desviaciones? La respuesta a esta pregunta es obvia: pero si se quiere que el trabajo o servicio sea de calidad, no se aceptará ninguna informalidad. De este modo se evitarán los errores y los usuarios internos o externos no recibirán ninguna respuesta o asistencias inadecuadas.

Cero defectos es la divisa a desempeñar en los requisitos del trabajo realizado desde la primera vez y siempre. El estándar de cualquier servidor público, en todos los niveles, es que el incumplimiento no será aceptable. Cuando el responsable de la Secretaría comunica esta expectativa, toda dirección y departamento tienen un estándar de realización comprensible.

Si el trabajo no reúne los requisitos, esto es un incumplimiento. Por tanto, se debe de eliminar indagando la causa y tomando acciones para evitar que vuelva a suceder. Lo anterior nos asegura que el usuario no recibirá productos o servicios con informalidades. Cero defectos es también una actitud, la responsabilidad personal de cada uno de nosotros para comprender las exigencias de nuestros trabajos y hacer lo que sea necesario para efectuarlos.

Cuando se hace este pacto en todos los niveles jerárquicos de la Dependencia, se puede comenzar a trabajar todos juntos para respetar los requerimientos. Entonces, la Dirección responsable del modelo de calidad comunica el estándar y participa por completo, proporcionado los recursos adecuados, y el personal en todos los niveles hace un compromiso individual para apegarse siempre. Tal binomio ejemplifica el entendimiento mutuo como consecuencia de trabajar unidos en todos los niveles de la Institución, a fin de entregar productos y servicios confiables a los consumidores.

Medición: en ocasiones se dice que:

- Se paga más por la calidad
- Que la calidad es mejor o peor; alta o baja; buena o mala.
- Que está de acuerdo con los índices o los estándares de la organización.

Tales criterios no indican si la calidad se está incrementando o no. Por tanto, se requiere un indicador para medir la calidad, para que sea comprensible a todas luces, pero sobre todo que pueda ayudar al trabajador a dirigir el esfuerzo a fin de progresar. Es esencial poner atención en las áreas que se necesita optimizar y decidir en cuáles aspectos se requiere más atención inmediata.

Una vez que se inició la instauración del Modelo de Calidad Total, es obligatorio evaluar cuánto ha mejorado. La mejor manera de medir la calidad es calcular lo que cuesta hacer las cosas mal. Esta medición se llama *Precio del Incumplimiento* (PDI). Las actividades del (PDI) incluyen.

- Reprocesamiento
- Expedición
- Servicio no planificado
- Repeticiones de la computadora
- Exceso de inventario
- Administración de quejas
- Tiempo improductivo
- Devoluciones

El Precio del Incumplimiento PDI: tiempo, esfuerzo y material desperdiciados, es un precio que no es necesario pagar. Cuando se calcula el PDI, se descubre lo que cuesta no cumplir con los requisitos desde la primera vez y siempre. Esto ayuda a dirigir los esfuerzos para, en primer lugar, incentivar el desarrollo laboral, segundo lugar, registrar el índice de mejoramiento.

Se puede resumir este apartado recordando las premisas de que señala: *todo trabajo es un proceso*. El proceso de cada trabajo genera productos y servicios de acuerdo con las necesidades y los deseos de los usuarios internos y externos. Estas expectativas son los requisitos y la base de los Cuatro Principios Absolutos de la Calidad: definición = cumplir con los requisitos es: sistema = prevención: estándar de realización = cero defectos: medición = precio del incumplimiento.

Estos son los principios fundamentales utilizados para operar, administrar y mejorar los procesos de toda organización en donde esté instaurado el Modelo de Calidad. Por ello, cuando una organización hace el compromiso de optimizar la calidad, la dirección máxima de la oficina asume la responsabilidad de introducir las políticas, así como los sistemas pertinentes para apegarse los requisitos y optimizar los procesos. Cuando un servidor público de manera individual hace el mismo compromiso, todos se obligan a hacer todo lo que esté a su alcance por efectuar con ellos, y así buscar continuamente la manera de innovar. En este sentid, la responsabilidad del individuo es:

- Responder al compromiso de la Institución
- Participar en la Educación en Calidad.
- Se compromete con un proceso continuo

En el apartado anterior se describió al trabajo como un proceso y se introdujeron los Cuatro Principios Absolutos de la Calidad, los conocimientos básicos que guían los esfuerzos para operar, administrar y mejorar. Asimismo, se propuso una diferenciación base con el propósito de identificar los requisitos. En esta sesión se hará hincapié en los métodos de trabajo para descubrir si el trabajador comprende o no lo que su labor exige. El entendimiento cabal del modelo ayudará a empezar a reforzar la calidad de todo lo que llevamos a cabo.

Flujo del Proceso: ya en el apartado dos se definió al proceso como; una serie de acciones que producen un resultado. Todo trabajo es parte de un proceso mayor y, a la vez, puede contener otros más pequeños. Por ejemplo, el Departamento de Finanzas prepara el presupuesto anual. Esta labor abarca muchos procesos menores, tales como: el diagnóstico, la recopilación de datos, el análisis de tendencias de las políticas públicas que le afecten a su dependencia. El utilizar dichas tendencias servirá para proyectar los pendientes del próximo año, y así redactar el informe correspondiente.

Para el caso se utilizan los Diagramas de Flujo; en este aspecto, será por cada flujo de proceso, pero siempre siguiendo los pasos de: recopilación de datos; analizar tendencias, planear necesidades y redactar el informe.

Cada uno de los pasos es un proceso en sí mismo, y los resultados de cada paso son los insumos del siguiente. Para analizar un proceso específico, debemos definir un marco de referencia: el punto inicial y final de nuestro estudio. Así, el alcance de un proceso abarca:

- Desde la actividad inicial
- Hasta la actividad final

Para examinar el proceso de recopilar datos en el ejemplo antes señalado, las personas involucradas deben definir el alcance a través del diagnóstico para: recolectar y registrar ingresos y gastos, -actividad inicial-, hasta totalizar balances o reportes anuales -actividad final-. Redactar el informe en el proceso que se va analizar, el margen podría ser: desde escoger un formato hasta enviar el informe para su impresión. El alcance de los dos procesos será muy diferente, veamos:

En ocasiones, un proceso tiene más de un resultado. La reservación a una aerolínea es el efecto de uno de los procesos antes señalados. El itinerario de salida fuera de la entidad podría ser otra consecuencia del mismo proceso. Es importante observar con cuidado los resultados y asegurarse de identificar todos.

Los clientes son las personas que reciben el producto final. Cuando se piensa en ellos, a menudo el personal se limita al usuario concluyente del proceso. No obstante, es bueno señalar que se tienen otros receptores del producto terminado. Estos son los beneficiarios inmediatos. Al analizar los procesos de trabajo, se debe incluir a todos los consumidores. La pregunta es: ¿Para quién se produce el resultado? Esas son las personas que pueden auxiliar a identificar los requisitos. Dentro del mismo ejemplo, en el proceso de hacer una reservación del viaje de la persona, el usuario es el viajero. También el personal del Departamento de Contabilidad lo es, ya que ellos necesitan la información adecuada para los registros financieros.

Si dentro del proceso está la posibilidad de contratar un asistente, la organización misma es el cliente final. Los usuarios inmediatos podrían ser desde el Departamento de Personal hasta el Departamento de Capacitación. Cada cual tiene requisitos diferentes. Si cada uno se preguntara: ¿para quién se produce el resultado? se identificaría tanto el beneficiario final como a cualquier otro inmediato interno de la organización.

Los requerimientos para el resultado se describen al final del proceso. ¿Cómo se pretende que sea el producto o servicio? Qué costo o petición específico. Incluso, el Departamento de Personal puede solicitar que las decisiones de contratación se documenten completamente. Así también, el Departamento de Capacitación puede requerir que la medida se comunique de manera inmediata para planear el adiestramiento. Cada uno de estos requisitos describe un resultado.

Los requerimientos del resultado nos dicen cómo efectuar nuestras labores para cumplir con las demandas del usuario. Si no se sabe lo que el cliente espera o va realizar en la comisión, será difícil satisfacer con las expectativas de evento. Entender los requisitos de nuestro interesado implica comunicación. Es imperativo escucharlo para así entender lo que se requiere de ese departamento.

La estrategia consiste en escuchar, preguntar, repetir; mediante este método útil es factible captar las necesidades del usuario. Primero, escuchar en silencio lo solicitado por nuestro cliente inmediato. En seguida, se pregunta para aclarar cualquier duda. Por último, repetimos el mensaje para asegurar que se ha comprendido adecuadamente.

El lector debe recordar que todo trabajo es un proceso que recibe y mezcla los insumos - son las entradas al proceso- para producir un resultado. Los insumos son los materiales y la información necesarios para operar los procesos. Los ejemplos de insumos son:

- Destino del viaje (proceso): hacer una reservación en un trasporte.
- Madera (proceso): fabricar un lápiz.
- Registro de empleados (proceso): tomar la decisión de una contratación.

Cuando se analiza un proceso de trabajo, es importante identificar todos los insumos. Los proveedores son quienes los proporcionan. Ellos pueden ayudar a distinguir los requisitos para los materiales. En ocasiones, varios proveedores proporcionan el mismo material o información a una acción realizada. En otros ámbitos, uno solo proporciona varios o todos los insumos. En cualquier caso, es elemental revisar por completo los términos de la organización, por ello se debe evaluar a cada uno de los abastecedores.

Los siguientes requisitos describen los materiales y la información necesarios para poder operar. ¿Cómo se quiere sean esos materiales y esa información? ¿Para cierta fecha u hora? ¿A qué precio? ¿Alguna especificación? Tales precisiones le dicen al proveedor cómo deben ser entregados los insumos para satisfacer las exigencias del servicio. Únicamente cuando se les ayuda a entender los requisitos se puede esperar a que se cumplan.

Ante este panorama es fundamental reconocer los requerimientos, esa es la clave para saber cómo trabajar juntos a fin de lograr la calidad. Debido a que un proceso es generador de otro, todos somos usuarios y proveedores de muchos de ellos. Algunas veces éstos incluyen tolerancias. Con esto se reconoce que hay variación, por tanto, se establece claramente cuánta variación es permisible. Hay un plazo para cumplir, hay formas de trabajar con cierta tolerancia para consumar las exigencias, porque el lineamiento mismo permite la variación.

La herramienta que se utiliza para identificar las partes del proceso de trabajo se llama Modelo de Proceso, siendo de gran ayuda para:

- Darse cuenta cómo se entienden los requisitos actualmente.
- Para identificar cómo se deben concebir los requisitos que realmente se necesitan.

En ambos casos, el referido modelo presenta un panorama claro del proceso con la finalidad de mejorar, a partir de aclarar los requisitos. Con frecuencia, la actividad se simplificará si se sigue el siguiente orden:

1. Nombrar el proceso.
2. Definir un alcance específico, que va desde la actividad inicial hasta la final.
3. Definir resultados.
4. Identificar a los usuarios (clientes).
5. Definir los requisitos para cada efecto.
6. Definir los insumos.
7. Identificar a los proveedores.
8. Especificar las exigencias para cada insumo.

Estos ocho pasos se presentan en un orden lógico con el fin de detectar todas las partes del proceso. Primero, empezamos en el lado de los resultados, porque al definir sus precisiones, se pueden aclarar y darnos por enterados de los resultados deseados.

Después, se pasa al lado izquierdo de la hoja para advertir lo que se requiere y producir el resultado. En algunos procesos puede ser más fácil reconocer cada parte usando un orden ligeramente diferente. Un ejemplo es analizar un proceso de trabajo que precisa la investigación, por tanto, habrá que identificar al usuario antes de determinar el resultado. En relación a los insumos, se deben tener presente las necesidades antes de escoger al proveedor idóneo. No obstante, la parte izquierda de la hoja de trabajo debe llenarse antes que la del lado derecho.

Es importante utilicemos este esquema para comprender más sobre las condiciones de nuestros procesos. Una vez identificadas las necesidades, es conveniente involucrar a los interesados. Asimismo, los servidores públicos deben trabajar juntos para entender más las exigencias del trabajo. De igual manera, se debe involucrar a los proveedores para convenir en los insumos.

Una vez precisados los requisitos, es factible usar el modelo para documentar el proceso, y así capacitar a los empleados, tanto de nuevo ingreso como al que lo demande. Los Equipos de Acción Correctiva lo pueden aprovechar para confirmar las pretensiones cuando surja un problema.

Hay exigencias para los resultados y los insumos de los procesos. También existen requisitos para el proceso mismo. Reconocerlos nos ayuda a comprender nuestro trabajo. Pero, ¿qué significa cumplir con los requisitos? Una respuesta sencilla es: significa que primero se decide lo que se va a lograr y después se lleva a cabo lo que se ha decidido. Es importante identificar las necesidades de tal manera que todo el personal de todas las jerarquías lo comprenda para que después se efectúen sus parámetros. A esto se le llama Calidad.

Los cambios son muy frecuentes en las grandes y pequeñas oficinas. Las exigencias pueden variar al modificar los procesos de trabajo. Para hacer eficiente la forma en que se desempeña el trabajo, se debe procurar afinarlos para así satisfacer las solicitudes de los clientes en forma continua. Por ejemplo, se podría reducir la tolerancia de ciertos productos, para que un proceso posterior opere con mayor eficiencia. Al empezar a optimizar es posible que se encuentren nuevos usuarios, o bien, interesados de quienes no estábamos conscientes.

Cada uno de ellos ofrece la virtualidad de afectar las precisiones, porque tendrán expectativas diferentes en cuanto a los resultados. Las exigencias cambiantes de la institución también permiten modificarlos. Los usuarios externos, los recursos y los avances técnicos disponibles también provocan virajes. Las normas jurídicas pueden exigir que se innoven algunos, por ejemplo, los de las normas de la contraloría. A menudo se tienen que actualizar los requisitos por razones incluso de política, pero una vez instaurado el total de los procesos de calidad, éstos serán más difíciles que retrocedan. En la mejora continua están inmersos:

- Usuarios
- Necesidades de la Dependencia
- Proveedores
- Recursos
- Tecnología
- Los niveles de competencia administrativa

La modificación puede convertirse en un requisito. Por ejemplo, para mejorar la calidad, la Dirección encargada de la instauración del Modelo puede solicitar que continuamente se reduzca la variación en un proceso de trabajo. Pero cuando las especificaciones se mejoren, la definición de calidad nunca cambia. Si se pretende que el trabajo tenga un óptimo desempeño, se debe cumplir con todo lo acordado desde el más alto nivel jerárquico hasta la base.

Realizar adecuadamente con las tareas para satisfacer las necesidades y los deseos de los usuarios es la definición de calidad en el Principio Absoluto.

Operar y Administrar.

Una vez que el proceso esté en operación, es preciso controlarlo. Ello implica:

- Operar el proceso con requisitos claros y exactos.
- Medirlo contra los criterios específicos para vigilar el proceso.
- Comparar los resultados de la medición contra un estándar específico de realización.
- Actuar, si es necesario, con base en esa comparación para corregir u optimizar el proceso.

Se utiliza un diagrama con cuatro círculos para representar cómo se controla el proceso. Si se emplean los cuatro elementos de esta configuración, (el sistema es un circuito cerrado) el proceso puede perfeccionarse. Un ejemplo sencillo de verificación del proceso se encuentra en la forma de vigilar la velocidad cuando se conduce un automóvil. Si el requisito (el límite de velocidad) es no exceder los 80 km sobre hora, se toma acción para asegurarse de que se respete el límite. Esto se logra de diversas maneras o indicadores:

- Observar la velocidad de otros autos, adivinando que tan rápido van y después tratar de ir a la velocidad correcta.
- Observar el velocímetro y acelerar o desacelerar cuando sea necesario, para permanecer dentro del límite de velocidad.
- Operar con un piloto automático: un dispositivo integrado que regula automáticamente la velocidad.

En cada caso hay un proceso con un requisito, una medición, una comparación y una acción a tomarse si fuera necesario para encaminar el cumplimiento. Sin embargo, uno de los métodos de control es superior a los demás. Mientras menos tiempo transcurra entre la medición y la acción, más preventivo será. Operar con un piloto automático reduce el tiempo entre la medición y la acción.

Para algunos procesos, como el moderar la velocidad de un vehículo, hay poca y ninguna exigencia de mejorar. Es difícil imaginarse que se necesite un método más rápido para tomar acciones. No obstante, la mayoría de los trabajos demanda estudio continuo para asegurar que las solicitudes actuales y futuras del usuario (cliente) sean satisfechas. Por medio de la continua revisión de requisitos y de hacer adecuaciones pertinentes, podemos lograr ser preventivos.

Para conseguir que nuestros métodos sean previsorios, se debe tener, antes que nada, conocimiento del proceso y comprensión de lo que todas las etapas precisen para implantar la prevención. Definir las prioridades a atender optimizará el control. Si no se entiende esto, no se podrá obtener un producto con la certificación de calidad.

Otra muestra de la necesidad de conocer el proceso se encuentra en la prueba. Es difícil experimentar si se ha diseñado un sistema de medición cuyo rendimiento será aprovechado al operar y administrarlo.

De esta manera, las cuatro etapas para implantar la prevención deben verse como interactivas, y no independientes. Por tanto, es imperioso que volver a examinar cuidadosamente los procesos de trabajo a la luz de las cuatro etapas. Así es como se puede asegurar que los requisitos se definan con claridad y se efectúe cualquier mejoramiento apropiado. Haciendo esto, se puede centrar en todas partes, evitando problemas además de identificar las oportunidades para promover el desempeño.

Al medir los trabajos se obtienen los datos esenciales para compararlo con los requisitos y así encaminar las acciones pertinentes con miras a mejorar. Un método utilizado con el fin de tomar mediciones es la hoja de verificación. Es un formato fácil de utilizar el cual asume el propósito de registrar incidentes tales como el incumplimiento. Con frecuencia, es útil dejar una parte para registrar comentarios aclaratorios.

Existen muchas formas de medir el trabajo. La hoja de verificación es sólo un comienzo. En los apartados siguientes, se presentarán métodos más detallados de medición para ayudar a resolver problemas y mejorar.

La prueba contundente para todo innovador paradigma, es la aprobación de la autoridad máxima, y posteriormente su instauración. En numerosas ocasiones, al implantar determinado esquema, sucede que dentro del equipo de trabajo pudiera haber una resistencia natural a lo desconocido, pero también que éste no fuera compatible con las tareas de la dependencia. Pero ningún perfeccionamiento por aplicar es sencillo, sobre todo, emplearlo como señala la obra de Karl Raimund Popper, *La sociedad abierta y sus enemigos*. En sociedades cerradas o rígidas como es el caso mexicano. La causa fundamental radica en su enorme conservadurismo decimonónico. Por tanto, la lógica de tal tarea sería sobre la base de la capacitación dirigida a los mandos de dirección. Una vez ejecutada, ésta se convertiría en una plataforma de lanzamiento con el afán único de corregir las cosas, y no sólo cambiarlas de lugar.

El aplicar los nuevos modelos administrativos en el sector público implica hablar de eficiencia. Un paradigma es un marco de referencia o pensamiento, es un patrón que sirve para comprender ciertos aspectos de la realidad. En el ámbito de lo privado tales modelos innovadores tienen una mejor aceptación, pues va de por medio obtener más ganancias y ser más competitivos.

No obstante, en el accionar de la cosa pública, resulta más difícil aceptar las ideas para resarcir las malas rutas, tal como sucede en México, en donde la administración pública; *solamente puede realizar todo aquello que está contemplado en la ley*. Esto es lo que en muchas ocasiones detiene la posibilidad de modificar los patrones de convivencia. De ahí la importancia de que el encargado del Poder Ejecutivo, como único responsable, tome la decisión de aclarar las reglas del juego o bien desregularizarlas.

Pero es necesario retornar al tema de políticas públicas, donde la definición más aprobada de su ejercicio es: "todo aquello que hace o deja de hacer el gobierno". Esto es así por ser la parte sustancial del servicio público, el atender los problemas de los habitantes del país; sin embargo, tampoco se puede afirmar que esta sea la panacea para revertir la desigualdad en lo social. Pero efectuar una política pública, bien acertada, no sólo ayuda en mucho a su proceso aplicativo, sino que a su vez incrementa la certidumbre de brindar una mejor imagen del gobierno, dejando de lado su figura burocrática.

Donald S. Van Meter y Carl E. Van Hoorn, aunque usan el enfoque sistémico de manera más coherente, ponen un orden al estudio de políticas públicas, cuyos componentes estimulan a los funcionarios públicos, señalan las posibles bondades de este modelo administrativo, como son:

- Tener un ambiente cuya dinámica estimule el trabajo de los servidores públicos, quienes al final recibirán los resultados de su compromiso.
- El incentivo para quien elabora las políticas públicas adecuadas, es ver convocado su esfuerzo al propiciar mediante ellas un orden y respeto.
- Se brinda todo un proceso de transformación para atender las demandas con recursos suficientes y necesarios, siempre y cuando exista una planeación pertinente, pues también incluye dentro del diagnóstico el procedimiento del gobierno en ese rubro.

• Las políticas representan las promesas del gobernante en turno, así como las metas formales del plan y programas de trabajo de ese gobierno.[49]

La importancia del responsable del Poder Ejecutivo radica en elegir la decisión correcta para que los mandos de dirección, así como los niveles jerárquicos inferiores, tomen su posición adecuada, la cual debe ser previamente diagnosticada y razonada para cada problema. De ahí el que método a seguir para políticas sea:

1.- Gestación
2.- Formulación
3.- Decisión
4.- Instauración y
5- Evaluación de resultados

En México ha sido difícil implantar esos nuevos prototipos, aunque ha habido progresos importantes, particularmente por los esfuerzos de los mandos medios e intermedios, así como por avances tecnológicos. Una de las causas del atraso consistió en el impacto ocasionado por la fuerza ideológica del marxismo mismo que se apoderó de las universidades públicas en todas las áreas del conocimiento, tal dogmatismo al parecer se está superando. Esto no quiere decir que la Doctrina Económica de Marx, sea inválida, es una teoría que tiene su gran valor para el análisis macro y microeconómico. Por otra parte, es real que ahora la ideología oligarca del funcionalismo se ha apoderado de la academia.

Todos los comentarios anteriores han sido expuestos porque, se viene analizando al sector público, y para proponer cualquier herramienta de trabajo en este ámbito, es conducente tomar una serie de consideraciones como: la política, las restricciones de la norma, conflictos, consensos, organizaciones y, sobre todo, la capacidad en la toma de decisiones.

De ahí la importancia que el gobierno, en tanto como la parte activa del Estado, tenga los resultados esperados de acuerdo con las expectativas planeadas. Las herramientas de control exigen un nivel profesional probado a la hora de llevar el monitoreo, a fin de localizar los aciertos, así como los

---

[49]   Donald S. Van Meter y Carl E. Van Hoorn, *El proceso de implementación de las políticas. Un marco conceptual,* México, Ed. Porrúa, 2000.

probables errores que pudieran afectar el curso de la gestión, la cual lleva la interrelación dialéctica con la comunidad atendida. Los procesos no dependen sólo de los aspectos externos, es fundamental estar pendiente de la actitud del personal encargado de ese programa. Lo anterior cobra particular relevancia porque se exige contar con un personal capacitado, pues, en la mayoría de las ocasiones, requerirá resolver los problemas de forma ágil, evitando que se altere la relación entre lo público, con lo privado y lo social.

Peter Ferdinand Drucker, quien es considerado el mayor filósofo de la administración en el siglo XX, señala:

Los fanales de la productividad y la innovación deberán ser nuestra guía, con el objetivo de moverse en la dirección correcta.[50]

El servidor público del más alto nivel y demás jerarquías, están compelidos a ajustarse a la idea de Drucker, pues el perder de vista el rendimiento competitivo, lleva a la burocratización conocida.

La palabra *proceso* tiene una connotación demasiado amplia, pero para el presente texto debe entenderse como *trabajo*. En el caso de las distintas actividades de la administración pública, el empleado público, en su proceso de cumplimiento normativo, no debe dejar fuera las acciones comunitarias, las cuales son tan relevantes como la correspondencia de planeación y formulación de la política pública. La instauración, en términos administrativos, consiste en el correlato de acciones previamente acordadas dentro del gobierno y las áreas responsables de su administración para ponerlas en marcha. A consecuencia de ello que existe la necesidad de asumir la política pública con el propósito de considerar ese todo compuesto, sin aislar las etapas.

Las contradicciones de clase experimentadas dentro de una sociedad son reales. Asimismo, existen grupos de presión e interese, por tanto, se viven conflictos; acuerdos; consensos entre otros factores. No obstante, hay

---

[50] Peter Drucker, *Gerencia para el futuro*, México, Ed. NORMA, 1995. Peter Drucker es austriaco, nacido en Viena, Austria, en 1909, de nacionalidad norteamericana por adopción. Drucker es considerado el más acertado de los exponentes en temas de administración. Sus ideas y modismos han venido influenciando el mundo corporativo desde los años cuarenta. Drucker fue el primer científico social que utiliza la expresión "post-modernidad". Peter Drucker es el pensador más influyente del mundo en el campo de la administración de empresas. *http://www.gestiopolis.com/canales7/ger/biografia-de-peter-drucker.htm*

prioridades. Los conflictos son oportunidades para que el gobierno genere políticas con la finalidad de conciliar toda posible discrepancia.

El segmento prioritario empleado en el proceso de las políticas públicas va dirigido a las demandas sociales y administrativas, pero la visión general de la aplicación de esas políticas mayoritariamente es de tipo tolerante referidas al gobierno. Es necesario abandonar esa forma de diseñar los programas, pues, a la larga, algunos de ellos, han dañado más al beneficiario que ayudarlo a resolver sus problemas. Es urgente erradicar los esquemas demagógicos, e incluso abstractos, para llevarlos hasta sus últimas consecuencias en los niveles concretos. De ahí la ventaja le confiere al gobierno el administrar a través de la gestión.

Lo anterior implica instaurar de manera urgente la profesionalización en el servidor público, sobre todo en aquellos que toman decisiones a este respecto. El hacer bien las cosas ofrece la oportunidad de ganarse la confianza de la sociedad, pues se tiene que trabajar con base en la comunicación entre ambas partes: sociedad y gobierno. Las acciones integrales permitirán establecer desde el inicio los lineamientos correctos para lograr el resultado requerido.

No todo es "redimensionar al Estado", como lo aseguran ciertos teóricos, ni tampoco se pretende operar con el tan trillado "adelgazamiento del aparato administrativo". Se trata, más bien, de aplicar de manera eficiente los fines del gobierno en razón de un plan determinado. En el caso mexicano, el gobierno, en muchas ocasiones, trastoca asuntos que no son de su incumbencia, de ahí que su aparato administrativo sea enorme. Al suceder todo ello, también aumentan los recursos económicos, son gastos que pueden disminuir con una buena organización tanto al interior como al exterior de la influencia del gobierno, y, por tanto, también limita el radio de acción de sus habitantes.

Las reformas a la *Constitución* se han orientado a privatizar lo público. Tal ejercicio ha conducido a que los gobernantes en turno cancelen programas como los de la educación pública. Son muchas iniciativas contrarias al *Proyecto Político de 1917*, como la desincorporación de las empresas paraestatales, el recorte al gasto público, entre otras maniobras de tipo financiero, las cuales han roto los nudos tradicionales con las representaciones obrera y campesina, principalmente. Y a esto, de manera absurda, les ha dado por exaltarlo con el terminajo de: "redimensionismo del Estado".[51]

---

[51] Este es el problema de usar categorías distintas a la ciencia política. El redimensionismo en una discusión planteado por J. Lacan para explicar la noción del hombre en la modernidad.

Para lograr un mejor diseño de las políticas públicas, es preciso efectuarlo a través de un trabajo de gabinete, es decir, habrá que trabajar con un equipo interdisciplinario, ello ayudará de gran manera a obtener semejante propósito. Los especialistas en economía, así como en las estadísticas desempeñarán un papel importante en la planeación del programa, pues muchas veces se pierde de vista el presupuesto, el cual es factible presente modificaciones en los gastos debido a probables inflaciones o problemas macroeconómicos; semejantes criterios en muchas ocasiones no se consiguen planear por el tipo de presupuesto anual. La misma política pública de Estado se puede revertir sino se toman en cuenta tales efectos de tipo financiero.

El mismo criterio de eficiencia ofrece la mejor oportunidad cuando se tiene en consideración el ingreso económico de los virtuales beneficiarios. Sólo al valorar adecuadamente las finanzas, se podrá mejorar los elementos de equidad. En definitiva, hay que resolver los problemas prácticos, los cuales en innumerables oportunidades superan a lo teórico. Es este sentido, lo más importante es que el servidor público sobrepase la visión del gobierno, abandonado en muchas ocasiones la inicua dicotomía de la decisión urgente e importante con los problemas humanos reales.

El análisis y control de los programas no se limita a describir y medir la ejecución administrativa, o bien los efectos mismos de la acción pública, sino que debe servir para explicar los resultados, o en dado caso corregirlos.

CAPÍTULO IV

GESTIÓN PÚBLICA

La oportunidad

El modelo administrativo de Gestión Pública es una herramienta innovadora, y la oferta que brinda radica en agilizar la toma de decisión ante las necesidades de la ciudadanía. No sólo se trata del término en sí mismo, representa una posibilidad de responder de forma activa para dar solución a los problemas actuales en plena posmodernidad. Es un planteamiento distinto enfocado en mejorar los servicios de la cosa pública, en razón siempre de la sociedad en general.

En el presente apartado se explica la nueva fisonomía que debe tener el sector público ante los constantes reclamos de ineficiencia por parte de los gobernados. La solución se halla en lograr que las cosas se ejecuten satisfactoriamente, y no se queden tan sólo en buenos propósitos. El arte de administrar obedece en mucho a instaurar y utilizar los innovadores modelos administrativos, y no únicamente trastocarlos. Tales propuestas las utilizan los gobiernos que diseñaron políticas para conducir a mayores niveles el desarrollo sostenible, sobre todo, en el impulso para la generación de empleos, con la idea de alcanzar el bienestar.

Todo va a depender de cómo se maximicen los esfuerzos para asegurar la cohesión, en donde al gobierno y sobre todo a su administración, le corresponda adaptarse rápidamente a las circunstancias, creando y explotando posibilidades nuevas y, en consecuencia, usando -e incluso reutilizando- los recursos materiales y técnicos, virtuales y económicos, entre otros, de un modo ágil y flexible.

No obstante, en México, no se podrá tener ninguna oportunidad de avanzar sino se examina con cautela la gran subordinación a la cual se halla sujeto en el extranjero, como sucede con la deuda pública y privada además de la tecnológica. Tales acatamientos causan desequilibrio en el presupuesto, en particular en épocas de recesión, pues en la mayoría de las ocasiones los gobernantes en turno prefieren pagar deudas que desarrollar programas sociales de urgencia. La parte financiera repercute tanto en la planeación como en la operación de cualquier programa de desarrollo. Y es que muchas veces todo ello obliga a buscar un mejor procedimiento en el costo beneficio, para la asignación de los recursos financieros.

El desafío que afronta México es vital, pues requiere que las instituciones se vigoricen para que los ámbitos de los sectores público, privado y social trabajen de manera conjunta en el mismo proyecto de nación. El gobierno debe cumplir con la tarea y se dedicarse a hacer las cosas mejor, de manera específica a utilizar menos recursos y, al mismo tiempo, crear riqueza, con la finalidad de no estar solo cobijado por el presupuesto anual. Si bien es cierto que las soluciones de hoy podrían convertirse en los problemas al día de mañana, preferible despegar a permanecer inmóvil.

Es preciso que los elementos superan lo teórico. En este sentido, lo más importante es que el servidor público trascienda la visión gubernamental para saber distinguir entre medidas de poca o relativa importancia, y problemas humanos reales, quizás no sea nada nuevo en esencia, pero sí en forma. El Taylorismo y el modelo de Calidad Total son similares, pero con otras herramientas, las cuales ponen en boga el lema de: *hacer más con menos*. De ahí que los tres niveles de gobierno requerirán estimular al personal de sus administraciones para que desarrollen y adapten estos esquemas innovadores.

En reciente reunión del Comité de Gestión Pública de la Organización para la Cooperación y el Desarrollo Económico (OCDE),[52] se concluyó que para afrontar los nuevos esquemas de la Gestión Pública es fundamental modificar las estructuras en donde están asentadas actualmente. Sin embargo, ellos hablan de reformas en lugar de innovaciones. El problema en México es se han venido haciendo reformas constitucionales hasta para acciones meramente administrativas, este es un terrible error de comprensión. Si bien algunos países decidieron reducir el tamaño de su aparato burocrático, otros

---

[52]   OCDE, *La transformación de la Gestión Pública. Las reformas en los países de la OCDE*, versión en español, 1997.

gobiernos han destacado la labor de su administración por sus programas vigorosos de desarrollo en la creación de riqueza, por medio de sus empresas públicas.

En este terreno, el modelo a seguir para fomentar un buen servicio en el sector público tendrá los siguientes rasgos:

- Una orientación marcada hacia la conquista de resultados, en términos de eficiencia, eficacia y calidad en el servicio.
- La necesidad de sustituir las formas de organización verticales o jerarquizadas, centralizadas por una gestión descentralizada, en tanto la asignación de recursos como la prestación del servicio se adopte más cerca de su campo de aplicación, y de este modo los ciudadanos interesados puedan dar a conocer sus reacciones de manera ágil.
- Los servicios prestados deberán estar fundamentados en indicadores administrativos, con fehacientes de productividad.

La idea es fomentar un proyecto con base en resultados satisfactorios. Para ello es preciso incrementar cierta libertad administrativa y, sobre todo, la flexibilización en el uso de los recursos financieros, materiales y de personal. Todo este esquema posmoderno está intrínsecamente interrelacionado, ya que la misma toma de decisión, necesitará describir la visión de la Gerencia Pública, la cual nada tiene que ver con la Dirección, por sus acciones y logros distintos.

El objetivo gerencial, adecuado al sector público, únicamente se podrá aplicar cuando se hayan instaurado los modelos de Calidad Total y el de Gestión Pública, pues estos están basados fundamentalmente en: *delegar responsabilidades, pero también autoridad.* Al aplicar tales herramientas administrativas, la toma de decisiones en todos los niveles jerárquicos será exitosa y con beneficios concretos. En México, si los gobiernos en sus tres niveles quieren potenciar su presencia, habrán de instaurar las propuestas que se han venido explicando dentro del texto.

Las ideas expuestas con anterioridad resultan indispensables para que los funcionarios públicos se orienten mediante un enfoque de resultados. Únicamente a través de la capacitación continua y ordenada, para todos los niveles jerárquicos, se podrá abarcar desde el secretario de Estado hasta el Jefe de Departamento. Lo anterior se efectuará en una primera instancia, y sólo hasta que todo el personal de confianza aplique el modelo, será cuando habrá de bajarlo y capacitar al personal de base.

En México la administración pública está utilizando recientemente el contrato conocido como *outsourcing*.[53] Se trata de una formalidad mercantil suscita con una empresa privada que le brinda un servicio. Tales productos le han permitido, en ciertas ocasiones, reducir costos y agilizar acciones. De esta manera convergen los intereses privados con el público, teniendo como marco legal referidos acuerdos.

Es de gran utilidad delinear políticas públicas de Estado, respecto a la regulación financiera, principalmente si se apuntalan éstas con la herramienta de la gestión. Tales esquemas ayudan para que el contacto establecido con la ciudadanía y con los inversionistas resulte enriquecedor dada la retroalimentación que se llega a obtener. Esto evita que se realicen tomas de decisión arbitrarias, pues un aviso oportuno hace que los afectados empleen medidas adecuadas. Cuando no es así, es común surja no únicamente la preocupación, sino la desconfianza, la cual lleva a fracasos irremediables.

Una vez más es pertinente reiterar lo propuesto por el Comité de Gestión Pública. Los gobiernos tendrán que hacer el esfuerzo de instaurar tales esquemas, para que gobernantes y gobernados reciban los frutos de vivir en una nación, con servicios públicos eficientes y de calidad.

Gestión de la innovación

Para hacer surgir la consciencia en los servidores públicos, es imperioso instaurar el propósito administrativo para lograr resultados; estas acciones llevarán a la aceptación de progresar a través de ser productivos. Tal preocupación se tiene que dar como el *esquema de regadera,* de arriba hacia abajo, en donde los altos mandos apliquen el ejemplo a seguir.

La calidad en el servicio público le corresponderá al responsable único de la administración pública. En México es el Poder Ejecutivo, ya sea en los ámbitos municipal, estatal o federal. A todo esto, requiere asignársele una importancia medular para obtener prosperidad en la calidad de vida de la población a reconocimiento de la sociedad tan sólo por el hecho de estar más atentos a las demandas de la comunidad.

---

[53]   Outsourcing neologismo inglés: es el proceso económico empresarial en el que una sociedad mercantil delega los recursos orientados a cumplir ciertas tareas a una sociedad externa, empresa de gestión o subcontrata, dedicada a la prestación de diferentes servicios especializados, por medio de un contrato.

El poseer una administración pública mexicana que se conduzca en la búsqueda constante de la mejora continua, estimulará la consecución del objetivo de la propia acción de la cosa pública, con la idea de realzar el valor del esfuerzo individual y colectivo. Todo ello ayudaría a salvaguardar la capacidad de gobernar.

Será el titular del ejecutivo quien deba reunirse con secretarios, en el caso municipal con sus directores, para de manera constante evaluar la eficacia de los programas instaurados, o bien comprometidos en su Plan Sexenal. El monitoreo precisa ser a nivel de beneficiarios de la política pública, así le permitirá conocer las reacciones cuando sean positivas o negativas. Es imprescindible contar con los indicadores suficientes y necesarios para la medición de los resultados obtenidos.

Para avanzar con mayor celeridad resulta inaplazable reforzar la capacidad gerencial, la cual tiene por obligación llevar la gestión previsora a adaptarte a los desafíos de las demandas en: educación; cultura; servicios de infraestructura; de seguridad y toda clase de servicios públicos. En los países en donde se han introducido las propuestas descritas a lo largo del texto, han logrado importantes avances en beneficio de sus comunidades. Estas innovaciones contribuyen a garantizar la naturaleza del gobierno como parte activa del Estado, y éste como gran aglutinador de un todo compuesto de partes.

En conclusión, los modelos administrativos plasmados con anterioridad tendrán que ser la nueva visión de los gobiernos contemporáneos. La capacidad y el compromiso de innovar representarán un esfuerzo titánico no solamente para el responsable del proyecto, sino también para cada uno de los involucrados en el sector público.

Adecuaciones en la administración

El filósofo Karl Raimund Popper en su obra *La sociedad abierta y sus enemigos*[54] esboza las dificultades enfrentadas las nuevas civilizaciones para conseguir una mayor participación ciudadana -más racional- respecto al Estado. En plena transición de las sociedades tribales o cerradas, éstas se encuentran dentro del sometimiento a un tipo de fuerzas mágicas, sin lograr

---

[54] *La sociedad abierta y sus enemigos,* es una obra en dos volúmenes escrita por Karl Popper en 1945.

arribar a una *sociedad abierta*. Si todas ellas pretenden ir en busca de un mejor desarrollo, deberán abandonar las artes sociales utópicas, por esquemas graduales y sobre todos efectivos.

Interpretando a Popper, se puede indicar que los países que han respondido al desafío de gobernar con los gobernados podrían subirse al avión de la globalidad o economía internacional, tomado en consideración la competitividad. La transferencia del factor competencia, conjuntamente con la flexibilización en el manejo de los recursos, constituye la piedra angular del nuevo modelo en materia de gestión pública.

El factor humano es la base fundamental para certificar la buena marcha del proyecto, siempre y cuando no se pierda de vista el control y la actividad profesional del personal. Habrá que tener claro cómo se encuentra constituido el Estado, así como la normatividad de sus instituciones, para evitar gestionar en contra del plan y programas emitidos. El perfeccionamiento de los servicios queda supeditado a este previo conocimiento del lugar en donde está firme el gobierno.

El propósito esencial radica en es la instauración y el seguimiento del Modelo de Calidad Total dentro del sector público, tales elementos son vitales para la prosperidad del país. El avanzar en esas pretensiones constituirá en parte fundamental para establecer mejor convivencia entre las partes de la sociedad.

Dentro de la transformación del Estado, no debe dejar de cuestionarse la necesidad de que el gobierno, por medio de su dependencia correspondiente, aplique la desconcentración financiera del presupuesto. Al realizar tales acciones, llevará a que cada dependencia del Ejecutivo maneje sus recursos presupuestados. Con esta acción se evitará que Hacienda o Finanzas, en las distintas entidades federativas, sean supersecretarías: un ejemplo concreto se da en el gobierno de Veracruz.

A consecuencia de los distintos estímulos asignados a la administración pública en México, es como ésta ha mostrado algunos avances significativos respecto a la incorporación de tecnológicas, en particular al implantar sistemas computacionales tendientes a evitar duplicidad de procesos. Sin embargo, se ha abandonado la capacitación dirigida para el funcionario, mandos medios e intermedios y trabajadores de base. La encomienda para todos ellos es la de inculcar la búsqueda de la calidad del servicio público, pues todo progreso se hace de la cabeza hacia abajo. De ahí que la autoridad máxima requiera involucrarse, y no deje hacerlo jamás.

La Calidad Total; Gestión Pública; Políticas Públicas y Gerencia Pública son modelos administrativos que han llevado a los gobiernos a agilizar sus acciones. La aplicación de estos esquemas resultará importante para los operadores de la administración pública, la cual posee el deber de brindar productos de calidad. Empero, de poco o nada servirá se tengan y apliquen tales instrumentos, antes no se desregula todo lo que ata al servidor público para avanzar. Es inexcusable reducir las normas, en el caso financiero del presupuesto anual, en donde el grave inconveniente como bien se sabe es:

> En la Administración Pública mexicana, los servidores públicos sólo pueden hacer lo que está contemplado en la ley.

Tal intolerancia la pone en desventaja con los privados, así como con las organizaciones no gubernamentales ONG. En México, los gobiernos municipal, estatal y federal tarde o temprano necesitarán aplicar tales recomendaciones, las cuales son elementos vitales para lograr ser más productivos. Si bien se han dado avances hasta la fecha, esto sólo constituye una primera etapa, falta lo más difícil pero no imposible: instaurar los modelos administrativos arriba señalados.

Se invita al lector a revisar con cuidado lo que ocurre en los gobiernos de otros países, respecto a sus formas de gobierno, pero sobre todo a la manera de actuar de éstos cuando aplicaron las propuestas de apelar al modelo de *gobiernos generadores de riqueza*. Son los resultados, los que lo ha llevado a abandonar las anquilosadas actitudes burocráticas, y a asumir el derrotero de aquellos quienes han hecho eficientes sus servicios, prescribiendo con el tortuguismo que hacía prosperar la corrupción.

Hasta el momento, se ha señalado el deber de administrar de acuerdo a la consecución de resultados, pero si se desea realmente mejorar de manera continua, los responsables de la cosa pública tendrán que realizar sus funciones, conforme a la visión gerencial para hacer eficientes sus tomas de decisión. Y no es otra cosa que disponer de más libertad y flexibilidad en su quehacer cotidiano.

Una vez liberados los esquemas burocráticos extremadamente normativos, los ahora funcionarios, convertidos en gerentes públicos, precisarán poner énfasis para corregir el rumbo, pretendiendo con ello obtener progresos. De ahí el beneficio de implantar la gestión de programas, la cual consiste generalmente en:

• Se fijan las metas y resultados para cada programa.
• Disponer de libertad en la aplicación de procesos adecuados para alcanzar los objetivos planteados.

- Los avances se miden a través de indicadores, -tomando como referencia las reglas fijadas desde el inicio-, los cuales se hacen mediante informes cotidianos.
- Los logros conferidos sirven de base para solicitar los recursos, materiales y financiaros, para incentivar al personal.
- La información debe fluir a los órganos de control interno y externo, además de las comisiones del Poder Legislativo.

El método de gestión de resultados enseña de manera clara cómo determinar los objetivos del programa de la dependencia o entidad local, principalmente para organizar los programas desde la planeación integral. Una muestra sería la vinculación de la planeación con el presupuesto. Esto constituye una de las principales finalidades para desarrollar el proceso administrativo en la política pública definida.

El gobierno, en tanto responsable político, está obligado a poner énfasis en la claridad del proyecto. El objetivo es que los diseñadores de las políticas públicas guarden un equilibrio entre las necesidades del beneficiario del programa y la *misión* de cada dependencia. Si bien es cierto que la ciudadanía cada día consume más servicios, también se debe considerar que ésta pagué de la misma manera más contribuciones. El compromiso de tener resultados concretos varía según el nivel de exigencias de la población a la cual está dirigido el programa. Es pertinente recordar que de acuerdo con la *Carta Magna*, el único responsable de la Administración Pública mexicana es el Ejecutivo, aunque existan normas secundarias como la *Ley de Responsabilidades de los Servidores Públicos*.

Sólo en la medida en que los secretarios de Estado se comprometan con su jefe inmediato, se comprobará la eficiencia de su labor en la dependencia, pues aunque en México éstos informan cada año al Poder Legislativo, carecen de responsabilidad política e incluso jurídica, pues la *Ley General* se encuentra por encima de las normas menores. Desde esta perspectiva, el lector, se recordará que únicamente en el *Régimen Parlamentario* los ministros (secretarios de estado) sí son responsables legales de su ministerio.

El Ejecutivo mexicano posee un vacío funcional muy grande para estar al tanto de los progresos de su equipo de trabajo. Aunque hay una Secretaría de la función pública encargada de evaluar los avances de los programas de las Dependencia, los indicadores administrativos aún en este país, son relativamente nuevos para resolver tal disyuntiva. El grave problema también está presente el gobierno municipal y estatal. De ahí el aterrador esquema de que cada inicio de administración deba empezar de cero los nuevos responsables. Por ello es importante implantar el *Modelo de Calidad Total*, pues sus controles están diseñados para que desde las bases sean vigilados.

La medición de resultados puede garantizar los avances en la administración pública, para que en el futuro ésta coseche no sólo los progresos, sino proporcione mejores tomas de decisión al responsable en turno. Además de facilitar las acciones a los operadores, con tales herramientas se abandonarían las subjetividades. Es por ello que deberán optimizar la medición de resultados conforme a los indicadores establecidos.

El esfuerzo por establecer servicios innovadores se ha venido dando en algunas dependencias; sin embargo, tales avances no son continuos. El ejemplo es la Secretaría de Salud, la cual en 2001 inició la Cruzada por la Calidad de los Servicios de Salud; ahí se presentaron progresos importantes en la atención al público, principalmente en la espera de la consulta. La institución de salud que más adelantos se le han observado es el Instituto Mexicano del Seguro Social (IMSS), en donde se utilizaron indicadores de impacto, con lo cual, no sólo redujo el costo en sus procesos, sino que respondieron a los objetivos fijados.[55]

Sí el gobierno mexicano deseara realmente que su administración tendiera a mejorar sus servicios, apalearía a optimizar su forma de gobernar, pues es necesario conocer y entender el gran mosaico político puesto en sus manos. La herramienta principal, la cual requería utilizar para estar en razón de sus gobernados, es su aparato administrativo. Dicho aparato tiene el deber de estar claro en su proyecto político a seguir, eso evitaría contradicciones y retrasos. Si no hay dirección, jamás habrá efectos visibles de los programas realizados.

No siempre la medición de resultados en el gobierno, y tampoco en la administración, puede ser exacta, de ahí que la información obtenida para su análisis precisará usarse con cierto grado de cientificidad, pero también tomando en consideración determinados aspectos subjetivos y pragmáticos. Los distintos programas sociales que se han realizado en México, sobre todo en las áreas indígenas, se han malogrado una y otra vez, en donde la mayoría de las veces ha sido por el desequilibrio entre el dar y el recibir.

---

[55] En un análisis de campo, se pudo observar que la medición en este ámbito es difícil de calcular, pues el hábito o práctica de años, hace que el beneficiario del servicio asista desde varias horas de anticipación, aunque su cita fijada en el carnet diga a determinada hora. Eso hace que la evaluación no sea correcta ni refleje con precisión el tiempo de espera promedio.

No obstante, se recordará que el control de resultados tiene que ser aceptado en la toma de decisiones del gobierno, ya que la medición de los logros obtenidos no constituye un fin en sí mismo. El instrumento de medición no deberá servir para la culpabilidad de una mala ejecución del programa. Por ello, insisto mucho en el modelo administrativo de Calidad Total, que serán fundamentales no únicamente para mejorar en todos los niveles jerárquicos como sociales sino también de control. Los mismos auditores externos entran en el esquema de calidad, por tanto, su labor no será sólo el castigar o condenar, sino de apoyar los mecanismos de revisión. En México, urge se empiece a administrar con base en la confianza.

Con el uso de los instrumentos que brinda la Gestión Pública, se puede dar un vuelco de 180 grados, de ahí la importancia de instaurarla, así como la de capacitar en razón de esta posibilidad. Ningún país podría entrar a la creación constante de su administración pública, sin tener un personal capacitado.

La invitación es para que en los tres veles de gobierno, dé inicio su desregulación normativa y financiera. Esto facilitaría el establecimiento de nuevas formas de gobernar y, sobre todo, de administrar. Asimismo, existe la posibilidad de crear un clima de credibilidad dentro del Estado Mexicano, en particular en la cosa pública.

Junto con el correcto manejo y el pertinente procedimiento de la gestión, también es fundamental mantener la idea de realizar mejoras continuas, encaminadas a afianzar una cultura de resultados de calidad. En el proceso de la gestión está inmerso el esquema gerencial, con el cual las tomas de decisión son más ejecutivas; por tanto, se dejaría de lado el modelo direccional. Si bien la propuesta gerencial comienza en la administración privada, también se puede adecuar al sector público, mismo que se ha venido amoldando al nuevo paradigma de gobernar. El objetivo, aparte de realizar medidas ejecutivas, consiste igualmente introducir innovadores diseños de organización, sustentados en el Modelo Administrativo de Calidad Total.

Política de flexibilización

Si realmente se llegar a implantar en México los modelos administrativos posmodernos, sobre todo en el gobierno, los responsables de las distintas carteras o secretarías de Estado gozarían de más libertad de acción, pues al abandonar las rigurosas limitaciones normatividad, las diversas contralorías, internas y externas tenderían a desaparecer. Con lo anterior iba a evitarse ese exacerbado centralismo, a través de los mecanismos de desconcentración, descentralización y la misma desregulación.

Resulta indispensable poner en marcha procedimientos flexibles y eficaces en materia de presupuesto y de manejo de personal. Las innovaciones dejarían a un lado las nefastas reformas administrativas, con las cuales se pierde tiempo y la oportunidad de brindar un buen servicio a la ciudadanía, pues los miles de servidores públicos tienen que enfrentarse al aprendizaje tedioso de las constantes nuevas normas.

La crítica es hacia los invariables ajustes efectuados a los salarios del personal de confianza, mismos que se tasan respecto al sector privado -pero ciñéndose a los estándares de empresas de primer nivel-. Sin embargo, no se ha escuchado que tales incrementos retributivos, se vean reflejados en la productividad, con resultados, como ocurre en lo privado. De ahí la importancia de arribar lo más pronto posible a la meta de calidad en el servicio, pues tal vez las remuneraciones de los servidores públicos puedan valorarse mejor, siempre y cuando se considere un mercado de trabajo más real.

En la actualidad se han presentado algunos progresos, pero dejan de ser integrales, como sucede con los procedimientos de atención a la estructura de las direcciones de personal. Las modificaciones han consistido en utilizar horarios más flexibles, incluso en la adaptación de medidas con tendencia a incrementar la movilidad de éste. Asimismo, los procesos para seleccionarlo se han simplificado, incluyendo la designación más abierta del mismo, que poca oportunidad hubiera tenido con los esquemas empleados hasta hace pocos años.

Es vital iniciar la gestión dentro del departamento de personal, pues es ahí donde se puede ir ganando terreno, a partir de la capacitación para hacer conciencia en los diferentes procedimientos en materia de tomas de decisión mediante la perspectiva gerencial, ya que siempre está llena de desafíos al momento de conducir la dependencia o institución. La administración de personal sería la primera instancia en demostrar los avances del modelo gerencial, con el enfoque de lograr avances en la eficiencia final.

La teoría poco servirá sin la práctica correspondiente; por tanto, ésta se pondrá en consideración a todos los responsables de la administración pública, ya sea federal, estatal o municipal, para que los servidores públicos de todos los niveles jerárquicos se conviertan en gestores no sólo de las políticas públicas, sino del modelo gerencial.

Gestionar de manera diferente o bien gerenciar, ya es un avance. La misma desconcentración de competencias en materia de gestión, es una forma de atender a los subordinados por parte de los mandos superiores. El uso de los nuevos esquemas también es parte significativa para conseguir avances en el perfeccionamiento de los resultados, esto llevará de forma natural a la flexibilización de los procedimientos en todo el sector público.

Será un hecho que las innovaciones dirigidas de un modo integral obligarán a incrementar la capacidad de los funcionarios y, por ende de todo el personal, sea de confianza o de base. Con la flexibilización a través de la gestión se amplían las capacidades del personal público para las tomar decisiones, y hacer eficientes todos aquellos procesos que afectan el buen funcionamiento de la oficina.

Afortunadamente el influjo teórico de quienes participan de esta idea ya se empieza a sentir dentro de algunas dependencias y direcciones de la cosa pública. No obstante, faltaría adecuarla para delegarle ciertas responsabilidades al servidor público, esto con el propósito de realizar una mejora inmediata, pero con resultados concretos y medibles. El grado de adherencia a este modelo de gestión manifiesta una grata y clara tendencia a la descentralización y desconcentración de las acciones administrativas. Quizás se pueda decir, para su cabal entendimiento, que sería como un tipo de autonomía administrativa, pero con un compromiso institucional. Toda esta idea es buena, pues ha sido comprobada en otros países. Por lo pronto, sólo debemos esperar y procurar no se convierta en una moda o fingimiento más.

La dificultad radica en es que el gobierno mexicano aún está lejos de imponer metas claras a sus secretarios de Estado, en particular para que éstos se vean obligados a ofrecer soluciones significativas. Si se llegara a instaurar el *Modelo Gerencial*, se estaría por el camino correcto, pues con ello vendrían las innovaciones requeridas con sus benéficas consecuencias. El dilema es que la mayoría no está dispuesto a dejar su comodidad burocrática, la cual consiste únicamente en orientar y administrar los recursos, dejando a un lado la conducción de la dependencia.

Por ello, se necesita comprender de manera clara que el modelo gerencial en el sector público tiene un método que obliga a realizar acciones ágiles, que orienten pero con la idea de *"gerenciar la acción"*. Son técnicas conjuntas, con un procedimiento de evaluación y control de la gestión realizada. A partir de este despliegue teórico, lo que se requiere es la apertura mental para lograr la asimilar el esquema mencionado.

Se puede afirmar que los funcionarios, directores generales y los diferentes mandos jerárquicos saben que las funciones que realizan en la administración son para conducir en los distintos diseños de Políticas

Públicas. Empero, ahora necesitarán visualizarse con acciones más gerenciales o ejecutoras, y no sólo transmisoras de información. El reto es aprehender nuevas habilidades tendentes a resolver situaciones diversas. Los nombramientos ahora precisarán tomar en cuenta el nuevo perfil gerencial, pero esto deberá efectuarse en todos los niveles jerárquicos.

Modernización con gestión pública

Al inicio del capítulo se comentó que la idea de los modelos administrativos contemporáneos era la de tener un Estado Mexicano menos interventor. Por ello, la actual propuesta es que éste sea más regulador, sin abandonar la encomienda de formar gobiernos creadores de riqueza. Lo ideal es que en los tres niveles se estimule a la ciudadanía a ejercer una participación organizada en lo público. Esto será a través precisamente del fortalecimiento de la visión gerencial, encaminada a gestionar las políticas públicas, con ello se logrará mejorar.

Ya no es aceptable que tanto el gobierno como su administración presenten un enfoque burocrático, pues este patrón anacrónico ha frenado el desarrollo de México, limitando incluso la posibilidad de poseer servidores públicos profesionales. El objetivo es: asumir menos un gobierno central, pero dotarlo de mayor capacidad de injerencia, por medio de sus distintas instituciones y oficinas administrativas.[56]

Una vez más es pertinente señalar que todo ello sólo puede ser viable dentro de una *Administración de Calidad Total*, por las características de los controles que se llevan a cabo mediante su ejercicio. En estas acciones, el mismo gobierno es evaluado, e incluso observado, por medio de indicadores pertenecientes al esquema propuesto en el presente texto.

Quizás algunos podrían afirmar que tales iniciativas e innovaciones conllevan al fortalecimiento en México de la *Doctrina Económica del Liberalismo*, tal vez sea cierto, pero no sería tan salvaje como podría ocurrir sin el ordenamiento del gobierno respecto a sus políticas públicas de Estado y las acciones sugeridas. Se puede asegurar que con tales herramientas las clases desposeídas tendrían mejores programas sociales.

En los países desarrollados, eminentemente oligarcas, existen excelentes programas en cuanto a las asistencias de grupos de escasos recursos, en

---

[56] Anthony Giddens, *La tercera vía y sus críticos*, Madrid, Taurus 2001, 203 páginas.

donde se gestionan servicios públicos con un alto grado de participación de beneficencias sociales y derivadas en el auxilio de esas comunidades conocidas como "marginadas". De ahí la necesidad de que el gobierno mexicano ponga énfasis en la desregulación administrativa, y deje de estar creando y reformado las leyes generales e individuales. Pero, sobre todo, no modificando las actitudes del personal público, quien obstaculiza los servicios por el temor a las normas.

Hay antecedentes importantes de modernización en la administración pública mexicana, misma que ha estado al tenor de la propia evolución de los esquemas universales, los cuales han logrado permear en el medio local. Las innovaciones realizadas en los países desarrollados han obligado a acrecentar su capacidad de respuesta. En virtud de lo anterior, es importante considerar el marco político, y principalmente jurídico, para lograr adecuarlo al requerimiento del gobierno y de su administración pública.

En el sexenio de 1976 a 1982, la Reforma Administrativa entró en vigor. Durante este periodo hubo un auge interesante en tratar de modernizar la administración pública, debido principalmente a los propósitos de desconcentrar y simplificar las estructuras, pero en especial precisar responsabilidades a los funcionarios de la administración pública. Uno de los programas estaba programado a evitar la duplicidad de funciones, así como ordenar el gasto público a partir del presupuesto.

En ese periodo se promulgó la *Ley Orgánica de la Administración Pública Federal*, con la idea de integrar los sectores central y descentralizado, por medio del nuevo esquema de: "cabeza de sector" para conducir las políticas públicas, e inclusive integrar a las entidades federativas.

Se instituyó la Secretaría de Programación y Presupuesto con el objetivo de implantar la cultura de planeación administrativa en los tres niveles de gobierno. A partir del Plan Global Desarrollo (COPLADES) se buscó vincular la planeación de las entidades federativas con el Plan Sexenal, por medio de programas integrales para el desarrollo rural (PIDER).

Otras acciones se llevaron adelante con el objetivo de modificar los hábitos de los servidores públicos, pero, por desgracia, fracasaron. La misma instauración de la Secretaría de la Contraloría General de la Federación, con funciones explícitas del control del gasto público y de la inspección del presupuesto y la vigilancia de las responsabilidades del funcionario, se quedaron estancadas.

Estos son algunos de los antecedentes de las principales medidas que se han tratado de implantar en la administración pública, considerando la modernización encaminada a incrementar la eficiencia y eficacia de ésta. Sería un esfuerzo más de los muchos que ha habido, pero desafortunadamente son abandonados por la enorme corrupción imperante dentro del gobierno, la cual se ve reflejada en su administración.

Es indispensable continuar con la esperanza de que esto se modifique y los nuevos modelos administrativos, como el de la Gestión Pública, eviten ser desatendidos pues, resultan una contribución teórica importante que puede ayudar a la mejor convivencia entre gobernantes y gobernados.

Innovación Global

En el capítulo anterior se hizo el análisis del Estado Moderno respecto al sustento que es, sin duda, la *Doctrina Económica del Liberalismo*, la cual responde a las necesidades de lo que se conoce como "el capitalismo", en donde su soporte es el libre mercado. Por tanto, la idea de los gobiernos mexicanos, en los últimos cuarenta años, ha estribado en privatizar lo público de manera significativa. Y serían las entidades paraestatales o empresas públicas quienes sufren el descalabro, viéndose reducidas de manera sustancial. De las mil quinientas que había en 1982, hoy día, sin más, quedan aproximadamente una centena.[57] Los mecanismos jurídicos administrativos utilizados por el responsable del Poder Ejecutivo, fueron la "desincorporación", "la extinción", "liquidación" y "fusión".

Es cierto, que se han dado avances en la renovación del gobierno mexicano, pero aún persiste el centralismo galopante que no permite instaurar mecanismos de coordinación entre el gobierno federal y los gobiernos estatales y municipales, sobre todo en el diseño de programas para el desarrollo regional. Urge, también, que el presupuesto federal vaya a las entidades y municipios, pero se les proporcione de acuerdo con su productividad. Aún persiste la concentración de un gran número de decisiones operativas que no han sido consensuadas en todos los niveles de gobierno, y menos aún con todas las clases sociales, a través de consultas periódicas.

Es pertinente resaltar que a consecuencia de las constantes reformas constitucionales y de los ajustes realizados por los gobernantes han determinado la necesidad de desregular la normatividad jurídica

---

[57] Informe de Gobierno del Poder Ejecutivo Federal (1994). Secretaría de Hacienda y Crédito Público.

administrativa que rige en el sector público. Si bien Felipe Calderón lo enunció de manera pragmática, jamás se llevó a cabo. El problema es que de no llevarse hasta sus últimas consecuencias tales acciones de desregulación jurídica y económica, la aplicación de la gestión pública nunca producirá los resultados satisfactorios.

Una de las herramientas para el avance de los objetivos planteados tiene que ser la capacitación, en donde se tome en cuenta el factor humano como parte primordial para promover una mejora continua. Es de reconocer que las condiciones de trabajo, en donde se desenvuelve el servidor público mexicano, no son nada sanas, y lo peligroso es que se continúa deteriorando su imagen hacia la sociedad e incluso hacia su propio medio. Los programas de incentivos y reconocimiento del personal, carecen de credibilidad.

Independientemente de la existencia de una Ley de Premios, Estímulos y Recompensas Civiles,[58] ésta no ha podido incentivar lo suficiente a los servidores públicos ni a los de confianza, menos a los de base. Sin embargo, la norma se contradice con el "Apartado B" de la Constitución, en su artículo 23, donde exclusivamente reconoce a los trabajadores de base. Esta terrible la dicotomía entre los de base con los de confianza ha generado durante años graves perjuicio en el trabajo de la burocracia. Quién propuso tal división fue el presidente Adolfo López Mateos.

Ha sido precisamente esa tajante separación entre los servidores públicos lo que ha provocado y entorpecido la adecuada profesionalización de éstos. Mientras a los primeros se les garantiza su permanencia laboral, se les restringe su ascenso en la escala organizativa. El contraste con los segundos es que, si bien gozan de mejores niveles de ingreso, todavía muchos carecen de seguridad en su continuidad, así como de indemnización, pues trabajan a partir de valores entendidos con su jefe inmediato. Esto a pesar de estar protegidos por la ley laboral.

---

[58] LEY de Premios, Estímulos y Recompensas Civiles. Publicada en el DOF el 31 de diciembre de 1975: última reforma publicada en el DOF: 26 de diciembre de 2013. Artículo 1.- Esta ley tiene por objeto determinar las normas que regulan el reconocimiento público que haga el Estado, de aquellas personas que por su conducta, actos u obras, merezcan los premios, estímulos o recompensas que la misma establece. Los estímulos a que se refiere esta Ley se instituyen para servidores del Estado, [...] Los premios serán otorgados por el Presidente Constitucional de los Estados Unidos Mexicanos, y los estímulos y recompensas, por los titulares de los ramos correspondientes de la Administración Pública.

En México, una administración pública, posmoderna y eficiente es la demanda generalizada y constante por parte de los gobernados cada vez más ilustrados, por tanto, exigentes de un buen servicio público. Así pues, es imperativo coadyuvar al incremento de la productividad en todos los rubros, no sólo de la economía de los privados, sino también de los gobiernos en sus tres niveles. La gestión pública es la herramienta idónea tanto para producir más como para integrar de los sectores privados y públicos.

Se han elaborado subprogramas como: participación ciudadana; descentralización; desconcentración administrativa; medición y evaluación; dignificación; profesionalización y ética del servidor público. Pero desafortunadamente no se ha avanzado por fallas en la continuidad. Ante este panorama, los objetivos específicos y resultados de esos subprogramas nunca se le otorgó el seguimiento necesario, quedando, truncados como un sinnúmero de propuestas que no se alcanzan a implantar, por falta de persistencia en cada corte de sexenio.

Sin duda, el ejemplo del programa de participación ciudadana tenía excelente diseño, con ideas positivas, con mecanismos para que los gobernados emitieran sus propuestas y críticas respecto al servicio público. Inclusive se instalaron buzones en las entradas de las secretarías de estado; se realizaron sondeos entre los habitantes, pero dichas respuestas y peticiones carecían de indicadores para revisar el proceso en su conjunto.

Líneas de acción gubernamental

El gobierno, como la parte activa del Estado, tiene que promover, a través de acciones concretas, la participación de sus habitantes, sobre todo en las labores preventivas de retroalimentación, en busca de poder instaurar la gestión real y eficiente. Será su propia administración pública, por medio de las distintas dependencias y entidades federativas, las encargadas establecer consultas periódicas y sistemáticas a la población. De forma principal a la población organizada en: sindicatos; partidos políticos; organizaciones religiosas; organizaciones no gubernamentales, entre otras. Lo importante es conocer sus necesidades y propuestas concretas, con el objetivo de ser atendidas a través de mecanismos transparentes que intensifiquen la credibilidad entre los gobernantes y gobernados.

Sin duda, la alta tecnología ha empujado a mejorar los servicios en las distintas oficinas, sean de los privados o públicas. Así, desde el uso del Fax, las redes de transmisión de información como el *Internet,* hicieron expeditos los procesos como el pago de la nómina en las tarjetas bancarias. Tales acciones son reflejo de la misma posmodernidad, determinante en el desarrollo administrativo y que han alcanzado avances significativos.

Uno de los aspectos que no han conseguido permear a los gobernantes y gobernados es la lucha contra la corrupción, las más de las veces combatida por los medios informativos, esto a pesar de los controles y medidas instauradas vía jurídica. La misma ley de transparencia se ha quedado en meras observaciones, sin llevar hasta sus últimas consecuencias las demandas, ya sean de la ciudadanía o específicamente organizaciones empresariales.

Se ha venido insistiendo en la importancia de aplicar la desregulación económica también conocida como simplificación del marco normativo.[59] El objetivo general es analizar las distintas normas que tienen de más las dependencias, bajo la idea de eliminarlas o simplificarlas para aumentar la eficiencia terminal. Lo anterior va interrelacionado con la factible *reingeniería administrativa* que se pudiera dar en el sector público, pretendiendo ahorrar no sólo en los trámites sino en los exagerados gastos del gobierno.

El eterno problema enfrentado por la Administración Pública en México es que sus funcionarios, mandos medios e intermedios están maniatados por aquello de que sólo se puede hacer lo contemplado en la ley. Esta falta de flexibilidad hace complicada cualquier toma de decisión, pues todo proceso tendrá que estar vigente en el procedimiento. El colmo es que hay leyes para las propias leyes. Ante todo esto, resulta imposible dar una buena atención al público demandante.

Los esfuerzos se han quedado en buenas intenciones. En la administración de Ernesto Zedillo, el proyecto consistió en Fortalecer el Pacto Federal, para ello se instauraron mecanismos administrativos dirigidos a promover el desarrollo regional, así como mejorar los servicios públicos, pero más que nada abatir los altos costos operativos. Tal ejercicio también llevaría a una agilización en las tomas de decisión.

En este sexenio se impulsó la redistribución de funciones, recursos y acciones dentro de sus ámbitos de competencia. El problema fue que jamás se llevaron a cabo los esquemas específicos necesarios (el cómo), y únicamente se quedaron en procesos generales.

---

[59] El Consejo para la Desregulación Económica, instaurado en 1996, estuvo pensado precisamente para orientar la desregulación y simplificación de trámites que llevan a cabo los ciudadanos en las distintas oficinas.

CAPÍTULO V

El Modelo de Calidad Total

Sobre la cultura de calidad

El objetivo de este apartado es proporcionar a los altos funcionarios un marco comprensible mediante el cual tengan la oportunidad de instaurar un enfoque coherente del Modelo de Calidad Total, adecuado al sector público. Ya algunos servidores públicos están familiarizados con este estándar, aunque sea de manera parcial. De acuerdo con lo anterior, es pertinente afirmar que tal prototipo únicamente se puede observar de manera real en las grandes empresas privadas. Partiendo de esta idea, resultará factible preguntarse si existe un compromiso verdadero por parte del único responsable de la Administración Pública, en la figura del encargado del Poder Ejecutivo.

Por tanto, habrá que salvar algunos obstáculos, y que por lo regular surgen de los distintos puntos de vista, ya sean de tipo teórico por parte de los garantes en aplicar e instaurar dicho modelo. Los impedimentos son más por la naturaleza o manera de ser del mexicano. Estas diferencias pocas veces se toman en consideración, no obstante, están presentes de manera abierta. Tales premisas, por la experiencia de haberlas leído en otros textos, las he percibido una y otra vez, pues los altos mandos, en su mayoría, no llegan a comprometerse con la calidad del servicio público.

Al hablar de los innovadores modelos administrativos cobra particular preponderancia Frederick Winslow Taylor quien propuso en 1895, el modelo para lograr la eficiencia a través de la medición del trabajo. Sin duda, Taylor creó el culto a la eficiencia, mismo que corrió para contagiar a una gran cantidad de técnicos, empresarios, políticos, funcionarios públicos e instituciones académicas.

Los conceptos sobre calidad, buena administración y eficiencia existen desde hace tiempo, pero hay autores especulan que son nociones separadas, pero para el actual modelo de calidad están relacionadas entre sí. Por tanto, debido a su integración, es que deberían observar que tendrá que verse como un todo, en un solo sistema, enfocado al estilo de organización con base a su acoplamiento con la Calidad Total.

Vista de esa manera, la *Administración de la Calidad Total* es la integración de todas las funciones y procesos de una organización, con la finalidad de lograr una mejora continua en la calidad de bienes y servicios que de ahí emanarán, pues es ahí en donde se producen.

Si bien con el taylorismo la eficiencia fue el factor clave de la vida de ese momento histórico, el cual llegó a convertirse en una especie de significación religiosa originando un nuevo valor secular de la productividad -no sólo dentro de la factorías-, así también la eficiencia representó a su vez el incremento de la productividad por medio del trabajo, y en las recientes formas de producir han dado un máximo rendimiento en el menor tiempo posible, al consumir una menor cantidad de energía y sobre todo de inversión, todo ello dará al propietario mayores ganancias.

Fueron los obreros fabriles quienes sufrieron los estragos de la medición o calibración y control del tiempo de trabajo, ya que F. Taylor mediante el cronómetro dividía los procesos del trabajador en partes visibles pequeñas e identificables, para después averiguar el tiempo invertido, en condiciones óptimas de su faena. En esta época, según Henry J. Johansson, el paternalismo había dado paso al cronómetro autocrático del taylorismo con mayúsculas. Los líderes del mercado automotriz expresaban frases como: "*Lo que es bueno para General Motors es bueno para la nación.*"[60]

De esa manera, los dueños de las grandes firmas, particularmente los industriales, consideraron que siendo eficientes podrían despedir a un número considerable de obreros y quedarse con los necesarios para realizar la producción, y así obtener mejores ingresos. El *hacer más con menos* fue el grito de los progresistas del momento. Al mismo tiempo, los propietarios exigieron al gobierno angloamericano a que introdujera los principios taylorianos en la administración pública, con la idea de reducir su aparato burocrático.

---

[60]   Henry J. Johansson, Patrick McHugh, A. John Pendlebury, William A. Wheeler, *Business Process Reengineering*, England, Published, 1993, p. 1. https://www.abebooks.co.uk/book-search/author/johansson-henry-j/

Los medios informativos de Estados Unidos repetían las consignas de los sectores llamados progresistas pretendiendo que los funcionarios públicos tuvieran el perfil de directivos o gerentes profesionales, con la finalidad de tener gobiernos más ejecutivos y menos costosos. La sugerencia era aplicar los principios de la administración científica con miras a lograr resultados, los cuales beneficiarían a toda la población en cuanto a pago de impuestos.

El problema fue que los efectos productivos de tipo tayloriano ya habían sido analizados por Carlos Marx, quién demostró la terrible explotación de la mano de obra a través de la *enajenación del trabajo* en la producción en serie, también conocido como *trabajo de estajo*, afectado ya no sólo en las fábricas sino también en otras áreas de la producción. Todo esto provocó que los trabajadores empezaran a organizarse en sindicatos, figura política y jurídica que sirvió para conquistar la jornada laboral de ocho horas, entre otras prerrogativas, no sin antes dejar en su camino a cientos de mártires por la represión de los gobiernos oligarcas.

Una vez reducidas las horas laborales y demás conquistas de la clase trabajadora, los propietarios de los medios de producción fueron asesorados por egresados de las distintas áreas del conocimiento, sobre todo de las universidades de Estados Unidos y la Gran Bretaña, quienes propusieron modelos para obtener mejores ganancias. La idea sería adquirir un estándar en el que se desarrollara el valor productivo, aprovechando los innovadores proyectos de las áreas administrativa e informática, así como la tecnología de punta. La propuesta general consistió en que los empresarios deberían crear en la fábrica o empresa, mejores condiciones de trabajo.

Después de la Segunda Guerra Mundial, los dueños del capital, principalmente los vencedores de tal conflagración, consideraron haber invertido ya suficientes millones de dólares en las distintas áreas científicas, en gran medida en la ingeniería eléctrica, física pero especialmente en la industria de guerra. La otra realidad es que habían descuidado las áreas sociales y administrativas. Al percatarse de ello, apuntalaron los nuevos planteamientos emprendidos por los académicos de la *Escuela de Negocios Harvard*, sobre todo en postgrado de esa Universidad, misma que se transformó a la postre en uno de los principales planteles de negocios del mundo.[61]

---

[61] La Escuela de Negocios Harvard (en inglés, Harvard Business School o HBS) es una de las escuelas de postgrado de la Universidad de Harvard y una de las principales escuelas de negocios del mundo. La escuela oficialmente se llamó

Referido recinto formativo, perteneciente a la nueva escuela de pensamiento de los Estado Unidos, se convirtió en la punta de lanza de los innovadores modelos administrativos de producción con calidad, con base precisamente en la eficiencia, pero ahora sin perder de vista el factor humano. Esta fue la reacción de los nuevos estudios de la empresa.

> Mientras se atacó la base del taylorismo funcional y nos enseñó a pensar de flujo continuo sincronizado a la demanda real, ello nos dio los medios para pensar en una organización con disfuncionalidades para así centrarse en el cliente. [62]

Así surgió la gran producción actual en los Estados Unidos, quizás por tales razones ellos modificaron el patrón oro como sustento económico de las naciones. Ahora sería la productividad, lo que iba a respaldar el Producto Interno Bruto y, por consecuencia, el valor de la moneda. Así fue como el famoso *Made in USA* se constituyó en un sinónimo de *producto de calidad*. Las grandes factorías, sobre todo automovilísticas como la General Motors, la Ford y Chrysler, competían a gran escala, lo mismo sucedía con las corporaciones de teléfonos, de electricidad y muchas más.

Estos modelos provocaron una maximización obsesiva, donde todo producto necesitaba ser de tamaño magno, todo ello era sinónimo de eficiencia y de progreso. Así fue como surgieron los grandes rascacielos, los enormes puentes, como el Golden *Gate*, situado en California, Estados Unidos, y que une la península de San Francisco por el norte con el sur de Marina. Las naciones Latinoamericanas trataron de imitar esas construcciones. Semejante explosión productiva desmintió la sentencia determinista del marxismo, en torno a la inevitable depauperización del

---

Escuela de Graduados de Administración de Negocios George Baker. La escuela fue fundada en 1908, con una clase inicial de 59 estudiantes, teniendo como primera localización Cambridge, Massachusetts. Las facultades de la escuela de negocios están divididas en diez unidades académicas: Contaduría y Gerencia, Negocios, Gobierno y Economía internacional, Gerencia emprendedora, Finanzas, Gerencia General, Marketing, Negociación, Organizaciones y mercados, Comportamiento organizacional, Estrategia y Tecnología; y Gerencia de operaciones.

[62]   Henry J. Johansson, Op, cit,., While attacked the foundation of functional Taylorism and taught us to think of continuous flow synchronized to real demand, gave us the wherewithal to think of a defunctionalized organization that always focused on the custome´r customer. P. 10.

proletariado que cierto día iba a llevar a la revolución obrera de los países industrializados.

Los programas de la administración privada o pública han sido derivados del modelo de calidad, todos ellos han tenido grandes impactos tanto en la producción como en los servicios. Se coincide en que los estándares de calidad total son un factor decisivo para garantizar la productividad.

En México, esto no debería pasar inadvertido, tanto para el impulso de las empresas privadas como en las actividades de su quehacer público. Ahora sería conveniente que también la opinión pública, me refiero a los medios de información, jugarán su papel para mejorar la calidad, asumiendo este ejercicio como una filosofía de vida.

Se ha hablado del ejemplo del Japón, pero no está de más recordar que a pesar de haber sido destruidos sus aparatos productivos, efecto de las bombas arrojadas sobre las ciudades de Hiroshima y Nagasaki, ellos finalmente lograron penetrar al club de los países ricos, pues su derrota militar, más no política ni económica, la superaron con creces al emprender su maquinaria productiva mediante los esquemas de calidad.

De esa manera las compañías niponas han estado compitiendo con los mercados occidentales, particularmente con los mismos Estados Unidos. Ellos son ahora los innovadores del modelo de calidad contemporánea. El profesor norteamericano W. E. Deming fue quien les impartió el primer curso sobre calidad a los propietarios y presidentes de las empresas japonesas más importantes. Los japoneses han podido desarrollar en la actualidad el *Control de Calidad*, en la actualidad los japoneses han superado a los angloamericanos. En una revista reciente de habla inglesa, especializada en Calidad Total, se señala:

> La dominación del mercado global no es el de los sueños. En estos
> días el mercado internacional integrado es un objetivo esencial para
> la supervivencia de las empresas y su éxito.[63]

El secreto del curso de capacitación de calidad total de Deming fue que los propietarios y todos sus directivos, incluyendo a todo aquel encargado de tomar decisiones, estuvieran presentes, pues la instauración del modelo

---

[63] Dominance in the global marketplace is not the of dreams. In today´s increasingly integrated international market it is an essential goal for corporate survival and success.

se lleva a cabo en todos los niveles de la empresa de manera integral. En esa época entre 1950 y 1960, las compañías japonesas sufrían las terribles embestidas de los sindicatos obreros, los cuales, al igual que en otros países, llevaban a cabo huelgas, en donde la mayoría habitualmente terminaban siendo reprimidos.

A inicios de 1970, ya en plena instauración del modelo de calidad en distintas compañías, los oligarcas japoneses solicitaron por medio de su gobierno una tregua nacional a la clase obrera. La propuesta buscaba conciliar con los trabajadores una medida para levanta su aplazamiento de huelgas y aumentar su productividad, con la promesa de que todos saldrían beneficiados.

Una vez integrada la clase trabajadora y los empleados públicos, vino la capacitación sobre el nuevo modelo de producción, basado este en el modelo de calidad total. Los propietarios orientales aceptaron el planteamiento angloamericano de producir con base al factor humano, pero la innovación y el éxito de ellos se debió, según sus propios postulados y declaraciones, a: no modificar sus experiencias al esquema occidental, sino hacer mejor lo que ellos ya hacía bien.

Es un hecho que la gran inversión realizada por gobierno de Japón para lograr la concertación social fue fundamental, pues el modelo capitalista también fue modificado, al ya no sobre explotación al obrero y empleado a través del mecanismo comprobado por Marx. Ahora el modelo productivo se sustenta en la calidad de vida del trabajador dentro y fuera de su centro laboral.

El gobierno consiguió conciliar los intereses de empresarios y sindicatos, bajo la premisa de trabajar de manera integral y con la idea de entronizar un proyecto de nación que los ayudara a recuperar su planta productiva, eso después de haber sido destruida dentro de la conflagración mundial. En pocas décadas, Japón logró un superávit de 50 mil millones de dólares anuales, la particularidad de no haberse endeudado ni externa ni internamente. Peter Drucker afirma que esa es la razón fundamental que sustenta el éxito de esta nación.

> No es la mística ni la cultura japonesas tampoco su estructura, es precisamente los elementos considerados anteriormente, lo que le permitió a Japón arribar al gran desarrollo"[64].

---

[64] Peter Drucker, *Op. Cit.*, p. 6.

El desarrollo del capital humano es fundamental, sobre todo para aquellas empresas públicas o privadas que estén orientadas para ir más allá de la creación de empleos, o bien simplemente facultadas para el avance productivo. Al día de hoy es axiomático que el personal representa un activo importante de la productividad. Pero con demasiada frecuencia esa noción, en países con menos desarrollo, los empresarios y gobernantes la ven como una retórica vacía. La pretensión es buscar y crear nuevos paradigmas que funcionen a través de distintos procesos.

Administración pública de calidad

A lo largo del texto se ha venido señalando cómo algunos gobiernos, se organizaron con el fin de obtener los avances que requiere el mundo actual. Las propuestas y prácticas van desde: el *Modelo de Calidad Total; Políticas Públicas; la Gerencia Pública; Gobiernos Generadores de Riqueza y la Gestión Pública.* Es, en definitiva, pasar de los esquemas ortodoxos a las innovaciones, en donde los procesos administrativos van a dar como resultado una mejora continua en la atención a la ciudadanía.

Resulta lamentable que los responsables de la administración pública mexicana continúen sin comprender los beneficios de la calidad total. Inclusive no reparen en la necesidad de desmitificar algunos descréditos aplicados alrededor de ésta. El enfoque desde su instauración ha sido de forma contraria a la manera ortodoxa de como la plantearon sus creadores. Algo que es impensable en la puesta en práctica del presente modelo es que el responsable máximo no esté comprometido con la calidad. En este caso sería el encargado del Poder Ejecutivo, en donde según la *Carta Magna* él es el único responsable de toda la estructura administrativa pública.

De acuerdo con los manuales de calidad, propuestos por J. M. Juran, requerirán ser las jerarquías más altas las que acepten la modificación de sus actos, pues es el ejemplo del jefe lo que pondrá a prueba a todo el personal. Ningún subordinado va a trabajar o brindar un servicio óptimo, si el éste no pone la muestra, y menos si sólo se le exige hacer las cosas bien sin recibir el ejemplo de su jefe inmediato. De ahí que la modificación de actitudes deba iniciar por la cabeza. Winston Churchill señaló:

No hay nada de malo en el cambio, siempre y cuando se efectúe en la dirección correcta.

A nivel de la alta jerarquía privada o pública, la parte más importante de cómo debe concebirse el desempeño calificado dentro de la gestión mediante es el proceso adecuado de gestión que se debe que utilizar. Pero antes de continuar es preciso definir dicho concepto. Quizás la definición no sea muy afortunada, pues ésta implica en muchas ocasiones criterios subjetivos, tal vez para un cliente un servicio de calidad pudiera ser considerado en sentido contrario al beneficio recibido.[65]

No obstante, para su implementación, y sobre todo su aseguramiento, la palabra calidad posee un significante preciso, el cual tendrá que ser comprendido por todo aquel que este dentro de servicio público. Para la certificación de cualquier proceso o todos los procesos, ISO8402 la define como:

> La totalidad de peculiaridades y características de un producto o servicio que determinan su capacidad de satisfacer necesidades declaradas o implícitas.

De acuerdo con lo anterior, será imperativo que todo servidor público vea a quienes le presta un servicio como *clientes*. Quizás a los primeros que habrá de persuadir sea a la opinión pública, me refiero a los medios de información, los cuales son en muchas ocasiones los menos fervorosos respecto al servicio que presta el sector público. No obstante, si la población empieza a ser atendida con calidad, el puntaje podrá ser muy alto en el avance de dicho modelo. Si se da una satisfacción a las necesidades, se estará en el camino correcto para alcanzar el aseguramiento inmediato y mediato en los controles de calidad, y será hasta entonces cuando la gestión pública empiece a dar resultados.

Antes de hablar sobre el aseguramiento de la calidad, es importante considerar algunos términos universales en torno al referido concepto incluidos en el libro de Vicent K. Omachonu y Joel E. Ross: *Principios de la*

---

[65] Es necesario señalar que la Administración Pública presenta importantes diferencias respecto a la administración privada o de empresas. La visión de que la ciudadanía atendida sea visto como clientes, puede tener su asistencia en ciertas Secretarias, políticas y judiciales, por ejemplo: A la Secretaría de Procuraduría (PGR) y en especial la Secretaría de Gobernación, entre otras, resulta difícil hacerles entender cuáles son sus clientes externos, bien podrían ser aquellos que denuncian un delito. Sin embargo, va a depender de cada Secretario que se ponga de acuerdo con su personal, para interpretar dicho dilema.

Calidad Total. Tales definiciones son parte de una encuesta en las principales empresas. [66]

- *Un cambio cultural* que permita apreciar la necesidad primordial de satisfacer los requisitos del cliente, instaure una filosofía administrativa en la cual se reconozca este imperativo, aliente la participación del empleado y profese la ética del mejoramiento continuo.

- *La habilitación de mecanismos para el cambio,* entre ellos los destinados a capacitación y educación, comunicación, reconocimiento, comportamiento de la gerencia, trabajo de equipo y programas para la satisfacción del cliente.

- *La aplicación del control mediante la definición de la misión,* la identificación de la producción, el conocimiento de los clientes, la negociación de los requisitos de éstos, el desarrollo de una "especificación de proveedores" que permita detallar los objetivos del cliente y la determinación de las actividades necesarias para el logro de los objetivos.

- *El comportamiento de la gerencia,* lo cual incluye la actuación de sus integrantes como modelos o prototipos dignos de emulación, el uso de procesos e instrumentos para elevar la calidad, el fomento de la comunicación, el patrocinio de actividades de refuerzo y la voluntad de propiciar y promover un entorno favorable.[67]

Aseguramiento de la Calidad

El control de calidad es el aseguramiento necesario para garantizar los procesos administrativos, con la intención primordial de cumplir con los objetivos de excelencia establecidos, así como también detectar las desviaciones de los niveles de comportamiento de los planes operativos. Lo anterior ayudará a establecer el procedimiento de los niveles de planeación. Esto es un proceso general universal y se puede aplicar en cualquier tipo de

---

[66] Vicent K. Omachonu y Joel E. Ross, *Principios de la Calidad Total,* México, Ed. Diana, pp. 5-6.

[67] La encuesta fue realizada por Integrated Automotive Resources, de Wayne Pennsyvania.

operaciones, tanto en la producción como en servicios. Asimismo, se ejerce en todos los niveles jerárquicos, desde el secretario, subsecretarios, directores generales, jefes de departamento y de oficina.

La definición de control de calidad en tanto un proceso de gestión es: mantener el *status quo*; conservar el proceso en su estado planeado, de forma que siga siendo capaz de cumplir los objetivos operativos."[68] La finalidad principal del control es minimizar el posible daño, por medio de una acción rápida para restablecer el estado del momento, evitando que tenga lugar el perjuicio.

Para el aseguramiento en el sector público, es imprescindible que la dependencia o entidad conozca las necesidades de sus solicitantes -clientes externos e internos-, las cuales deberá obtener de manera detallada a través de un documento. Esto también servirá para que todos ellos tengan el conocimiento total de los servicios que presta a los usuarios. Sin duda, los aspectos técnicos de los indicadores deberán ser instalados por los expertos en planeación y control. En donde inevitablemente deberá coexistir una autoridad responsable capaz de identificar a cada uno de los objetos de control. Aquí es donde se requiere tomar la sugerencia de la desregulación jurídica y económica, pues con este tipo control no hay necesidad de tanta norma gubernamental.

El objetivo del control es sencillo, de lo que se trata es de establecer un *objetivo de calidad*, el cual es el fin primordial al que se dirigen los esfuerzos. Los objetivos deberán ser:

Legitimados, reconocidos por la autoridad máxima

Medibles, que se puedan comunicar con precisión;

Alcanzables, a la forma de asegurarse su cumplimiento

Equitativos, con el mismo nivel de responsabilidad.

Por tanto, resulta inaplazable asignar alguien que dirija, un coordinador, director o como se le quiera llamar, con la finalidad de vigilar los requisitos, así como la integración, evaluación y control de las actividades. El encargado del despacho es el responsable de supervisar la eficiencia los servicios que

---

[68]   J.M. Juran, *Op.cit*, p. 139.

presta la dependencia u organización pública. Es así como el aseguramiento de la calidad es una función administrativa que no debe delegarse.

Debido a que la percepción humana tiene presencia en todos los niveles jerárquicos, así como el reflejo hacia los clientes externos, por ello es importante certificar el desempeño profesional y efectivo del encargado del aseguramiento de la calidad, quien deberá estar debidamente constituido. Sobre todo, que sea capaz de entender la política de la institución, para producir un plan y programas de acciones que precisaran ponerse en práctica. La calidad debe ser la filosofía integradora a seguir con la finalidad de obtener resultados concretos, y no se convierta en un mero departamento de control de calidad. En virtud de lo anterior, es preciso contar con un compromiso individual y colectivo, cuya característica sea la satisfacción del servicio que presta la organización pública.

Existen interpretaciones erróneas e incluso mitos respecto al aseguramiento de la calidad, incluyendo los indicadores de control de la administración de esta. Lo mismo sucede en las empresas privadas, las cuales son más sencillas si se comparan con la enorme estructura del sector público. Por tanto, es necesario decir que el aseguramiento no guarda vínculo alguno con la inspección realizada por las contralorías externas e internas, las cuales se han convertido en verdaderas generadoras trámites.

Al instalar el Modelo Administrativo de Calidad Total, de manera simultánea se van a ir integrando los controles y evaluaciones, los cuales se llevarán a cabo por el mismo personal involucrado. Es decir, la dirección o departamento designado como el facilitador no debe ser el garante único de todos los requisitos que requiere el control, e incluso el aseguramiento, de la calidad. Todos se convierten en responsables en la medida de sus intervenciones, por tanto, recordemos que se trabaja por equipos, en donde la misma dependencia se convierte en el lugar de un *solo equipo general de trabajo;* así pues, el representante es el secretario, o bien el director general en los organismos descentralizados.

Los programas de aseguramiento de la calidad bien diseñados, y sobre todo puestos en práctica, certifican y comprueban que los parámetros universales de la calidad se lleven a cabo siempre a través de una documentación y fortalecimiento de los mismos. Existen criterios procedimentales adecuados para respaldar los referidos programas, estos son fundamentales para evitar perderse, de forma especial en las dependencias que cuentan con delegaciones en las distintas regiones o estados del país.

Ya existen avances o ejemplos interesantes en la administración pública en México, de los cuales será pertinente empezar a sacar provecho, a pesar de que todavía carecen del control en sus distintos procesos administrativos, como son los casos de Salud, Educación, la misma Hacienda, o bien, en las empresas públicas como Petróleos Mexicanos (PEMEX), Comisión Federal de Electricidad (CFE), entre otras.

El aseguramiento de la calidad tal vez no sea una panacea para evitar los aspectos negativos, pero ayuda en gran medida a que el personal en todas las áreas sea eficiente en sus actitudes y aptitudes. Mejorar de manera constante significa ir modificando sus acciones a partir de los lineamientos del mismo control. Por ello, es necesario la capacitación dirigida en todos los niveles jerárquicos, con el objetivo de adquirir y plasmar las exigencias solicitadas por el servicio público.

De acuerdo con las normas de calidad, es indispensable tomar en consideración los costos beneficio, esto ayuda a incrementar la productividad no sólo del personal sino de la dependencia en general. De esta manera el modelo hace que todos se responsabilicen de todos los procesos administrativos e incluso operativos.

El modelo administrativo de calidad, promueve el óptimo desempeño laboral de todos los involucrados, para así alcanzar el bienestar del personal, tanto dentro del trabajo como fuera de él. Ante esta circunstancia, resulta pertinente trabajar a través de evidencias, las cuales puedan reflejar qué tanto las actividades del personal se encuentran en sintonía con procedimientos.

Auditorías

Ahora que la administración pública está cada vez más observada, no únicamente a través de la oficina de transparencia sino por los mismos medios informativos, la fiscalización hacia el gobierno y su administración, requerirán mostrar las auditorías que se realizan por medio de los procedimientos utilizados por el modelo de calidad. Esto evidenciará al exterior que el trabajo efectuado es satisfactorio y, por tanto, se brinda un servicio con la misma propiedad. Las auditorías hacen resaltar de inmediato las fallas en el cumplimiento, e incluso dan la pauta para que, si se está fuera de la norma, ésta se corrija, aunque sea a destiempo.

Las auditorías son una sedición de la administración. Ante esto, ella es quien determina el tipo de requisitos que se llevaran a cabo, sobre todo cerciorarse que operen con efectividad. Es decir, el equipo encargado deberá contar con la anuencia y la libertad concedida por el mismo modelo de administración con base en la confianza. Por tanto, se cumplirá de manera institucional y de acuerdo con la naturaleza de la dependencia o entidad.

Es necesario que los responsables de llevarlas a cabo disfruten de la garantía no sólo de la autoridad máxima, sino del mismo personal auditado. Esta es una condición, *sine qua non* para garantizar el buen funcionamiento de los programas de calidad, pues cuando se han dado algunos problemas, es porque precisamente se toman sin ninguna aceptación de la adecuada cadena de mando.

Es justo decir, aunque parezca reiterativo, que para iniciar el programa de aseguramiento de calidad, los procedimientos tendrán que estar por escrito. De ahí la necesidad de proceder mediante el método de: *qué se quiere; cómo; cuándo y dónde se controla,* pero además cómo es que se aplicarán los requisitos universales de la calidad.

Se recomienda que los servidores públicos interesados consulten o se asesoren respecto a los detalles de los métodos y técnicas de auditoría, los cuales están inmersos en el modelo administrativo de calidad, ya que incluso el lenguaje es distinto al utilizado generalmente por la burocracia. Es más directo y por tanto claro en sus peticiones. En seguida se ilustran algunos señalamientos sobre el tema:

- Las auditorías que se realizan a los distintos procesos no se limitan únicamente al modelo de calidad o a los productos y servicios. También pueden ser auditorías del sistema de calidad; *auditorías de calidad del proceso y auditorías de calidad del servicio.*

- Las auditorías de calidad las debe realizar el personal que no tenga la responsabilidad directa con el área sometida a evaluación, aunque sí pueden trabajar con el personal del área.

- El objeto de una auditoría de calidad es evaluar las necesidades de mejoramiento a través de acciones correctivas e innovadoras. No se debe confundir las auditorías con las actividades de supervisión y fiscalización, las cuales se realizan generalmente con el sólo propósito de controlar un proceso o verificar la conformidad del servicio o producto.

Las auditorías de calidad pueden realizarse para fines de aseguramiento interno o externo de la calidad. Las auditorias dentro del Modelo de Calidad no pretenden establecer las búsquedas incriminatorias.

Instauración de un Programa de Aseguramiento de la calidad

Tal como se ha venido repitiendo, la administración de la calidad total consiste en integrar todas las funciones y procesos de las instituciones públicas, con la finalidad de proveer una satisfactoria atención a la ciudadanía en general a través de los bienes y servicios que produce el gobierno en acción.

Desde hace medio siglo, la administración privada, pública y social tuvo la oportunidad de que la escuela norteamericana propusiera el Modelo de Calidad Total. Desde esa época, nada ha tenido tanto impacto como el planteamiento de instaurar la calidad en los servicios que la población requiere en cualquier país del planeta. Y es que el estandarte de la calidad total es un factor esencial determínate en la competitividad entre los privados además de proporcionar una mejor calidad de vida y buen trato hacia el ser humano.[69]

Tal vez ya no sea una novedad en las naciones desarrolladas, e incluso en México que no pertenece a ese núcleo, donde la aceptación de tal filosofía de vida no ha penetrado en su plenitud. Por ello es imperativo promover la continuidad de dicha tendencia a través de la calidad total, el liderazgo, información y análisis, planeación estratégica, productividad personal y recursos materiales, entre otros.

La primera consideración en la que deberá reparar el funcionario mayor, así como todo su equipo de trabajo, es en satisfacer las demandas de sus solicitantes del servicio a través de una perspectiva de "cliente", una vialidad difícil de explicarse si no se ha capacitado adecuadamente al personal para entender el Modelo de Calidad Total. En el mismo programa de la dependencia deberá estar contemplado, pero sobre todo como parte del presupuesto, pues tal como dice el lema: la *calidad cuesta, pero cuesta más no aplicarla*. El solventar las exigencias de la población, como clientes, lleva implícito instaurar los programas de aseguramiento tal como se ha venido señalando. Así pues, es necesario determinar el tipo de aseguramiento a seguir, pues dependerá del tipo de institución en su aplicación.

---

[69]   J.M. Juran, *Juran y El liderazgo para la calidad (un manual para directivos)* Madrid, España, Ed. Díaz de Santos, 1990, pp. 363. En esta obra el autor declara que a principios de 1950 tuvo origen el enfoque de la calidad, pero fue hasta finales de 1970 cuando se aceleró la aceptación a nivel mundial.

La oficina encargada de la administración, sea dirección o jefatura, es la base fundamental para lograr que el modelo de calidad avance. Está interconectada con todas las áreas, de manera especial con el personal en los niveles jerárquicos. Por tanto, será la responsable, en el sentido amplio, de asegurar que la calidad esté presente en todos los rincones de las oficinas, pues requiere aplicarse en cualquier actividad o proceso.

No es tan sencillo modificar la actitud del trabajador público, pues los primeros en fallar son los jefes inmediatos, como el secretario de la dependencia, quienes en pocas ocasiones conocen al personal, y mucho menos sus nombres. Ante tales desgarros, los efectos son adversos para la buena marcha de la oficina, de ahí que sea urgente el compromiso del responsable mayor en el cumplimiento de los mencionados requisitos para fortalecer la calidad y se respete el manual.

El Costo de la Calidad

Es común que los responsables de las distintas dependencias, en los tres niveles de gobierno, cuando pretenden realizar un gasto en su administración pública, que no estaba contemplado, el contador o administrador les responda que no hay una partida para tales gastos. Invariablemente cuando se efectúa un egreso se requiere esté considerado dentro del presupuesto, pues en este país se trabaja en base al *Presupuesto Base Cero*, en particular el llamado Sector Central. No obstante, de que en las empresas públicas o instituciones paraestatales el presupuesto es más flexible, pero aun así no se lleva a efecto una *Planeación Estratégica*, en la cual se pudiera calcular *el costo de la calidad,* que significa el costo de hacer bien las cosas.

El elemento fundamental para argumentar el costo de la calidad consiste en brindar un servicio y productos de calidad a la ciudadanía, para ello es imprescindible capacitar al personal de *forma dirigida o por proceso de trabajo.* Así pues, es preciso invertir primero en el factor humano y después en lo tecnológico.[70] Si se llegara a realizar en el sector público, se abatirían los costos relacionados por la falta de un buen servicio. Lo anterior iba a

---

[70] En la Administración Pública mexicana, cuando se introdujeron las computadoras en las oficinas públicas (se compraron cientos de equipos) fueron miles de horas hombre perdidas, pues se les daba un uso que nada tenía que ver con la oficina al no saberlas emplear el personal.

convencer a los funcionarios de la necesidad de capacitar al personal en todos los niveles, por supuesto que es primordial iniciar con el Secretario. Al hacer tal diagnóstico, el responsable se sorprendería de la importancia de tomarse en cuenta tal práctica.

Existe en todas las oficinas de gobierno un exceso de regulación jurídica y económica por medio de las contralorías o fiscalización interna y externa, hay incluso una legislación al respecto, sobre todo en el área financiera de las dependencias. Sin embargo, el primer dilema es lo costoso de poner en marcha tales intervenciones, en donde en una gran mayoría de los casos no se logra enderezar los problemas. Es importante que desde el programa de la secretaría - se integren los controles que están previstos en el Modelo de Calidad, en donde existe un control por actividades, ya sean técnicas o administrativas.

Es ineludible considerar la instauración del modelo administrativo de calidad, pues los mejores controles de calidad son precisamente los que se encuentran integrados en el sistema, de ahí que se repita la necesidad de su implantarlo, el no hacerlo conlleva a un aumento de fallas, y por supuesto, el costo de repetir las acciones. Desde el taylorismo, se han reconocido dos características en el mundo de la producción: la eficiencia y la falta de ésta, así como dos tipos de personas: las eficientes y las no eficientes.

Ha pasado bastante tiempo como para que el servidor público mexicano, entienda finalmente que la eficiencia es la meta que debe fijarse cualquier trabajador, dentro o fuera del gobierno. Uno de los problemas históricos es que muchos de los empleados públicos no están en el lugar adecuado, una gran mayoría de ellos no tiene el perfil adecuado para desempeñar su puesto, y esto no se ha podido solucionar.

No obstante, todos sabemos que todos por desgracia trabajamos para algún propósito y somos capaces de realizar cualquier tarea, siempre y cuando se sepa la función o actividad debemos cumplir, a partir desde luego de haber recibido una capacitación certificada para llevar a efecto nuestra encomienda. Es recomendable que cuando se designe a los encargados del Aseguramiento de la Calidad, su nombramiento deberá recaer en el personal con suficientes aptitudes y habilidades, para poder comunicarse adecuadamente con los responsables de todos los niveles jerárquicos. Tal acción evitará el alto costo en la implantación del Sistema de Calidad.

El establecer un sistema de aseguramiento de calidad de normas oficiales permitirá al personal capacitarse en los nuevos procesos y técnicas; administrar de mejor manera la dependencia o dirección general; lograr un mayor reconocimiento dentro y fuera del gobierno; incrementar la productividad de los servidores públicos a corto y mediano plazo. Al desarrollar el sistema de calidad se dará satisfacción a todos los involucrados. Lo anterior lleva a disminuir gastos, mermas, tiempo y costos.

Darse la oportunidad para hacer las cosas bien dentro de las oficinas gubernamentales es una tarea vital. El aseguramiento de la calidad lleva a una eficiente rentabilidad laboral, pues se aprovechan al máximo las facultades del personal, los recursos financieros y materiales, ya que tal aseguramiento se halla sustentado en acciones planeadas para cubrir todos los posibles requerimientos, internos y externos.

La creación de grupos de trabajo

La responsabilidad de formar un equipo de trabajo debe recaer en el coordinador o ejecutivo de la Calidad, él tiene el arbitrio de facilitar la interacción entre el personal. Este organizador debe de representar al responsable de mayor jerarquía, con la finalidad de obtener de manera más sencilla la legitimación ante todos los subordinados, pero particularmente contar con cierta libertad de acción. Los especialistas en la materia sugieren que la persona nombrada sea independiente de todas las demás actividades y funciones, ello determinará que el grupo resultante desempeñe cierta autonomía administrativa.

Es justo aclarar que el funcionario de más alto rango no dejará de acreditar la responsabilidad de verificar no sólo la instauración del modelo de calidad sino también el aseguramiento. Los grupos de trabajo siempre tendrán como coordinadores a los de más alta jerarquía, ello evitará conflictos entre los equipos.

Los grupos de trabajo que cumplen la función de comunicar a los trabajadores de todos los niveles las razones para establecer el programa de aseguramiento de calidad, y de manera especial hacer hincapié a los beneficios obtenidos. La mejor forma de conseguirlo es sosteniendo una serie de charlas, seminarios de *sensibilización o consciencia* respecto a la importancia de brindar efectivos servicios dentro y fuera de la dependencia. La sensibilidad precisa que empezar desde el más alto nivel para motivar a todos los niveles jerárquicos. En aquellos casos donde no se obtenga una respuesta inmediata, sería recomendable esperar y no seguir a los responsables menores, ello evita que se relaje la disciplina. Resulta sumamente infructuoso a un subordinado exigirle calidad, cuando su jefe inmediato no cumple con los mínimos requisitos de la Calidad Instaurada.

La mejor forma de llevar adelante la serie de cursos o seminarios de sensibilización es iniciar su aplicación por la cabeza principal, para después seguir con el cuerpo organizacional, fomentando acciones que busquen la cooperación a través de instaurar controles y procedimientos de calidad. La idea es lograr consciencia en todo el personal y hacerlos entender que ellos pertenecen al diseño de Calidad de la institución, con el cual todos saldrán beneficiados. De ahí la necesidad de establecer la cooperación de todas las partes.

La labor requerirá realizarse desde el inicio de la redacción del Manual de Calidad de la dependencia o entidad. El manual suministrará los mínimos requisitos para ir avanzando en el sistema de calidad de la secretaría. Tal es la importancia de proporcionar a los servidores públicos, incluyendo a los de base, el programa de la secretaría o dirección general que se trate, con el objetivo de que estén enterados y participen todos. La palabra auditoría quizás asuste a un nutrido número del personal, sea de base o confianza, pues se piensa que sirve para supervisar sus labores. Lo anterior sucede por la habitual práctica de la desconfianza en México. Empero, las auditorías de calidad tienen un enfoque distinto, ya que es utilizado únicamente para verificar particularmente para orientar las acciones y cumplir con los requisitos.

Es necesario insistir en la capacitación constante en pro de la mejora continua. Cada servidor debe sentirse responsable de cada proceso o trabajo mismo que estará sustentado en el esquema de calidad impuesto. Es indispensable entender que las responsabilidades no pueden delegarse, lo importante es estar consciente de que todos están integrados a un equipo, y posee la capacidad para mejorar sus actitudes y aptitudes personales. Por experiencia, he detectado la existencia de personal que con el simple hecho de repetir la máxima: *hacer bien las cosas y a la primera*, considera haber cumplido con la meta del programa de calidad. Esto es un error; por ello, es preciso acabar con semejante simulación actitudinal.

El desplegar un *Programa de Aseguramiento de Calidad* requiere tiempo, esfuerzo e inversión. Es difícil saber cuánto será el desembolso, pues depende de la entidad que se trate, de su tamaño y responsabilidad, así como de los procesos que precise poner en marcha o bien desee innovar. En la administración pública mexicana, como ya fue señalado, se han dado ciertos avances.

Resulta obvio señalar que es importante poseer un registro o bitácora en donde se consignen los costos y beneficios de los avances, los cuales permitan afectar una evaluación de los ahorros y progresos a partir de la implantación de los distintos procesos, los cuales se requerirán ser evaluados en pleno ejercicio. En un análisis realizado en la CFE se pudo constatar que se disminuyó el indicé de accidentes en el personal que trabaja en las líneas externas, viéndose reducidas las cuotas médicas por tal hecho.

Si bien al principio se produce un desembolso considerable en la capacitación, así como en el tiempo invertido en el aprendizaje, en los mínimos requisitos del aseguramiento de la calidad, al final resulta un enorme beneficio. Tal vez si no tuviera tales ventajas las grandes empresas privadas no hubieran instaurado el Modelo de Calidad Total. Todo es cuestión de que el gobierno exija a los responsables de las secretarías de estado no abandonar la mejora continua.

Organización para la calidad

En el caso de las certificaciones de tipo privado, engañándose con las distintas evaluaciones, pero también falseando la realidad, pues certifican uno o dos procesos, y con eso publican que tal empresa, factoría, negocio o institución pública están certificados.

En México existe el Consejo Nacional de Normalización y Certificación de Competencia Laboral, (CONOCER), es la entidad del gobierno federal que promueve el Sistema Nacional de Competencias en el país y avala los conocimientos, habilidades, destrezas y comportamientos de las personas, sin importar la forma en que estos hayan sido adquiridos, otorgando certificados con validez nacional. ¿Qué beneficios se obtienen al certificarse en esta organización?

- Mejorar el desempeño en el trabajo.
- Integrarse al mercado laboral de manera exitosa.
- Mayor movilidad laboral.
- Aumenta la estabilidad en el empleo.
- Acreditar documento oficial de alcance nacional que respalda conocimientos, habilidades, destrezas y comportamientos reconocido por los sectores productivos, social, educativo o de gobierno.
- Experimentar una superación personal, mayor motivación y mejores resultados en el trabajo.

Es justo esgrimir la importancia de la libertad organizacional, en especial de la autoridad y su responsabilidad dentro de la implantación de la calidad.

De acuerdo con las normas, la calidad, ya sea de manera directa o indirecta, se debe identificar, documentar y ejecutar en las siguientes acciones:

1. La responsabilidad del optimo desempeño individual o general requiere definirse de manera explícita.
2. Es preciso establecer con claridad el compromiso y sobre todo la autoridad en cada actividad que contribuya a cumplir con el requisito laboral.
3. La autoridad máxima tiene el designio de velar y alcanzar los objetivos de calidad asignados.
4. Al organizar e instaurar un modelo de calidad efectivo, se asume el ministerio de insistir en la identificación de las debilidades reales de una determinada organización e iniciar las medidas correctivas o preventivas sobre la base de las fortalezas analizadas con anterioridad. [71]

Dentro de la estructura organizacional que se encuentra relacionada con el modelo administrativo de calidad, debe establecerse el sistema global de la Administración Pública, tomando como basamento el Plan Nacional de Desarrollo del gobierno. En el caso del ejemplo anterior se encontraba plasmada la idea de que: un buen gobierno, convenido a cumplir con su responsabilidad, requiere ejercer acciones capaces de transformar los esquemas burocráticos; por tanto, el gobierno que se necesita actualmente aquel cuya prioridad sea crear riqueza.

Es pertinente definir las líneas de autoridad y sus delegaciones junto con sus responsabilidades a través de un acuerdo con base en la confianza. La coordinación es la responsable de la instauración y manejo de la calidad en las distintas dependencias de gobierno. Esta tiene la encomienda de concretar y asegurar los controles que se llevarán a cabo en toda la administración pública. De ahí la importancia de establecer el canal de comunicación en toda la esfera comprometida.

Al retornar una vez más al aseguramiento del modelo de calidad para las dependencias gubernamentales, señalaré que es vital implantar verificaciones independientes. Al principio, quizás todos los servidores públicos tendrán que comprobar la eficiencia en cualquiera de sus procesos y funciones mediante una autoevaluación, para después confirmarla por medio de la

---

[71]   Normas contempladas en el ISO 9004.

verificación del control, ejecutado de forma externa por el personal de una oficina calificada.

La oficina encargada del aseguramiento de la calidad se regirá con las normas y control del modelo instaurado, cuya responsabilidad es:

1. Verificar, mediante auditorias, el correcto ejercicio de la filosofía de la calidad, la cual debe permear en todas las oficinas gubernamentales. Así también, en todas las direcciones y departamentos, con el objetivo de efectuar procedimientos efectivos.
2. Asegurar que se resuelvan todos los casos en los cuales no se cumplan las especificaciones debido a los distintos procedimientos.
3. Cerciorarse de que estén establecidos métodos y procedimientos de trabajo completamente aprobados.
4. Comprobar que los procedimientos se revisen periódicamente y se actualicen en su caso.
5. Determinar conjuntamente con la alta autoridad los casos en donde se requieran introducir mejorías.

Al ampliar las acciones, se desprende que la oficina facilitadora verificará que la dependencia o entidad ponga en práctica y cumpla con el programa y manual de calidad. Lo anterior deberá realizarse precisamente para determinar que los servicios prestados por alguna oficina los esté llevando a efecto de forma ordenada, de esta manera se resuelvan acertadamente los posibles problemas a los que se pudiera enfrentar.

Manual de Calidad

En el Manual de Calidad se definen las políticas de calidad, los procedimientos y las prácticas generales de la organización. Es un hecho incontrovertible, el manual es el primer documento donde se encuentran las intenciones de la organización para alcanzar la mejora continua. Este debe señalar de manera concreta los servicios y políticas públicas que realiza tal secretaría, los cuales tendrán un orden implícito y explícito y de esta manera se facilite su entendimiento a la población.

Es necesario el manual, pues las normas en el contenidas demandan un documento como requisito, el cual es la herramienta fundamental para toda buena administración, ya que es a través de éste cómo los funcionarios y trabajadores conocen y aplican sus procesos de forma eficiente. Su elaboración es tarea de todos, facilita en la rotación de personal el aprendizaje sobre la instauración del modelo.

El manual de calidad es la ventana de la organización desde donde el cliente puede observar qué es aquello que está sucediendo dentro de la institución, y el posible servicio a recibir de la oficina gubernamental donde se encuentre. El documento describe las intenciones encaminadas a satisfacer el criterio de pertinencia para el propósito del servicio, pues este representa, en términos generales, los procesos que se usan respecto al aseguramiento de la calidad en el servicio.

No existe un formato definido para elaborar el Manual de Calidad. El diseño, así como la presentación del documento necesitarán estar enfocados a las necesidades y preferencias del personal que lo realiza, pero en esencia se deberá estructurar de tal forma que se pueda entender y, sobre todo, actualizar con facilidad.

Es recomendable que el Manual de Calidad esté compuesto por tres secciones, que son:

1. Políticas de calidad de la dependencia o entidad, donde se plasmen la declaración de objetivos de calidad; declaración sobre quién es la máxima autoridad, así como también el responsable del aseguramiento de la calidad, además de las modificaciones que podría requerir el manual, su reimpresión y distribución.
2. El bosquejo del sistema en donde se muestren los criterios aplicables del programa de calidad.
3. Índice de los procedimientos del organismo que se trate.

La declaración de las políticas de la institución firmada deberá ser conocida por todo el personal y desplegarla en un lugar visible, para que los usuarios del servicio la conozcan. El documento requiere ser firmado por el secretario a cargo de la dependencia, adjuntando los puntos clave del programa de aseguramiento de la calidad en el servicio. Todo ello garantizará el compromiso por parte de la más alta esfera jerárquica.

Con relación a dicho compromiso, ahora los subsecretarios, directores generales y de área, jefes de departamento y oficina detentarán la responsabilidad de que el trabajo realizado por todo el personal, dentro de sus áreas respectivas, se lleve a cabo a través de cumplir totalmente con los requisitos de la calidad. Asegurar, incluso, que los servidores públicos de la dependencia tengan el conocimiento y experiencia en el encargo, esto con la finalidad de realizar sus labores de forma satisfactoria.

El procedimiento

Una vez que se han instaurado y desarrollado los aspectos generales del plan de Calidad, posteriormente basará en el manual, así como en los procedimientos descritos con anterioridad. En ellos, se puede encontrar la mayoría de evidencias reales para lograr en cualquier momento la mejora continua, por ello la necesidad de que todos los procesos o trabajos sean de carácter obligatorio para los programas de la institución.

Para documentar las actividades, en primer lugar, es esencial entender cómo se hace cada paso dentro de cada una de ellas y de manera específica, comprender a su vez las secuencias de los siguientes eslabones. Al realizar y documentar la actividad es factible detectar las anomalías, la duplicidad de funciones, así como la falta de interfaces departamentales. Una vez que se realizan de manera correcta los procedimientos de las tareas señaladas, se puede incluso facilitar su revisión o posibles cambios en las funciones.

El desarrollo de los procedimientos y los pasos requeridos se encuentran en las normas mínimas que se pudieran aplicar en la dependencia, así como implantar algunas acciones como:

- Estudiar las prácticas actuales.
- Analizarlas.
- Elaborar un borrador de los procedimientos.
- Examinar los cometarios internos y externos.
- Sistematizar y entregar revisado para su aceptación.
- Obtener la aprobación

Dentro de estos procesos es importante decir que requiere existir flexibilidad. En el análisis final, los procedimientos se emiten para dirigir al personal en la ejecución de la actividad. Para ello es preciso incluir un método de acción, siempre y cuando se esté seguro que se va a cumplir, aunque la flexibilidad pudiera contradecirlo, pero para ello debe existir la seguridad de que tal o cual toma de decisión es viable llevar adelante.

Es necesario que al documentar las actividades de la organización pública se utilice la forma impersonal *se debe*, en lugar de otros verbos o construcciones gramaticales que denote obligatoriedad, eso evitaría cualquier tipo de obstáculos para la plena consecución de objetivos.

Por mi experiencia en la administración pública, es muy común hacer documentos extensos y pesados, donde la mayoría de las ocasiones ni sus autores los alcanzan a revisar bien: por tanto, se sugiere que todos los escritos incluyendo el Manual, los procedimientos, planes, contratos, entre otros no sean amplios. El manual de calidad no debe pasar de 40 cuartillas a doble espacio, de acuerdo con la dependencia. El manual tendrá que ser manejado por un pequeño grupo responsable, únicamente aquellas personas quienes muestren relación con los aspectos y control de los programas.

Conclusiones sobre la Gestión de Calidad

Es necesario introducir en la administración pública, el reto de la calidad, pues implica un sinnúmero de beneficios, los cuales parten del ámbito laboral, en donde los servidores públicos, requieren convencerse de brindar una atención de calidad al gobernado. De manera especial a la de extender calidad de vida a todo ser humano. Para ello, tal como se ha venido mencionado, es fundamental la instauración del modelo, desde los niveles superiores.

El día que en la mayoría de los lugares públicos y privados se reciba el trato de calidad, entonces será el momento cuando se pueda señalar el enorme avance de la administración en todos los niveles bajo su arbitrio.

Por lo pronto, los funcionarios y servidores públicos tendrán que establecer un vínculo decisivo con la población que atienden: desde menores, adultos, mujeres y hombres de todas las edades, es decir, cualquier sujeto activo que juegue un rol importante en el ámbito social.

No obstante, esta relación dista mucho de ser lineal y esquematizada. El servicio público por medio de la gestión ahora tendrá que realizarse de manera integral. Básicamente, se pude decir que deberán estar dentro del fenómeno creciente, gestionando la participación de la ciudadanía, vista desde el concepto de clientes. Sería una autogestión, ahora dirigida a brindar un servicio público con doble función, tanto activa como pasiva, siempre tendente a lograr la autosuficiencia de la sociedad.

En tanto sujeto activo, la prestación del servicio público asume ser concebida de modo que el cliente participe como agente de sus propios satisfactores. Alvin Toffler escribió sobre *El prodsumidor*, un tipo de productor-consumidor, cuyo objetivo fundamental consistiría en abaratar los costes, todo ello, vía participación. y mejoras de la productividad en la cosa pública, empezando con gobiernos más eficientes y creadores de riqueza; en el uso adecuado de los avances tecnológicos como el Internet, páginas web, entre otros. Aun con todos los adelantos digitales no se puede renunciar al trato directo entre el proveedor del servicio con el cliente.

Esta es justamente la gestión basada en la calidad, entendida como la posibilidad de organizar los recursos para alcanzar determinado objetivo. La gestión se refiere a la totalidad de las dependencias o direcciones, y empresas públicas. Lo importante es que cuando se hable de gestión controlada o aplicada, estarán contempladas en tres tiempos y espacios de la planeación ya conocidos como: ejecución, medición, seguimiento y corrección.

Sería importante que la administración pública mexicana empezara a considerar la posibilidad de implantar la *planeación estratégica.*[72] Con esta herramienta, se facilitaría el diseño del rumbo de las dependencias, esto permitiría a abandonar el freno de mano que representa el presupuesto base cero. Con tales modificaciones se podría seguir la marcha de los acontecimientos, evaluando y cerciorándose de que todo esté en razón del control de calidad, con el cual se corrige no se castiga. La gestión operativa no es otra cosa que una consecuencia de la primera, únicamente se traducen los objetivos estratégicos para lograr acciones a corto plazo.

Para poder instaurar el modelo de gestión de calidad en toda la administración pública, será imprescindible que los involucrados conozcan el modelo conceptual, sin el cual será imposible asegurar su funcionamiento. Tal esquema obliga a tener un diagnóstico con el fin, para de aplicar la estrategia clara a seguir, según los requerimientos de la dependencia; de no realizarlo así, será materialmente complicado conseguir resultados. Por ejemplo, para que un director de personal implante un diseño de incentivos, ya sea económico o de reconocimiento, deberá conocer las necesidades de los trabajadores, para así aterrizar el tipo de motivación. Al proyectar las acciones, primero se requiere identificar de forma selectiva los procesos que va apremiar y el tipo de encomienda a dicho encargo.

El interés por la calidad se ha desbordado en ciertos círculos de la vida pública y privada por ello es urgente que el gobierno exija a sus funcionarios aplicarse en todos los atributos de calidad, lo cual será parte fundamental de un servicio de calidad. No hay duda, los agentes activos de la administración pública de calidad son los servidores públicos, mismos que procurarán apalear a una formación que los motive para mejorar cotidianamente su trato al interior y exterior de la institución.

---

[72] En México, en pleno siglo XXI, todavía no se ha podido implantar la planeación estratégica, lo cual hace más pesada y laboriosa la aplicación de recursos. Mediante ella se evitaría el engaño de pasar los gastos entre partidas distintas.

No sería justo afirmar que sólo llamando a los gobernados clientes se puede dar un excelente servicio a los mismos, pues no es privativo de una administración hacerlo la buena atención lleva un gran esfuerzo a cuestas: se debe capacitar y promover una actitud responsable por parte del personal. Es imperativo hacer énfasis en que: *un gobierno eficiente, siempre tendrá una administración de calidad,* la cual está involucrada para atender a la ciudadanía desde la concepción de un nuevo ser hasta su muerte. En este caso, desde los programas de salud hasta los servicios funerarios, en ambos casos la atención la debe proporcionar el gobierno.

El riguroso modelo de calidad hace hincapié en el compromiso del servidor público hacia la población -de todas las edades- para atenderla como cliente. Es difícil la tarea de las demandas todas las dependencias para poder cumplir con su programa y deberes, pongamos el ejemplo de la secretaría de seguridad pública. Sin embargo, debe subsistir la convicción de que la ciudadanía es el cliente a atender. En este sentido bien vale la pena recordar la máxima que dice: *el cliente siempre tiene la razón.*

Respecto a la gestión de calidad pública, habrá que realizar todos los días, vía grupos de trabajo o círculos de calidad, una interiorización de este bagaje de conceptos para lograr una buena actitud cotidiana, en pos de humanizar el servicio a través del esquema de la gestión. En el caso japonés, el termino *kaisen* tiene una connotación ética personal y una moral social, en cuanto expresa un ideal de progreso dentro del modelo de calidad laboral y de vida familiar.

En México, tanto en el ámbito privado como público, el enfoque del *Modelo Calidad* pensando en la satisfacer las peticiones del cliente no fue más que una moda, tomada de la escuela de pensamiento angloamericano, en este caso del área de administración; mientras que a nivel internacional su objetivo sobre calidad radica en competir y posesionarse del mercado mundial. De hecho, la historia empresarial a partir del Estado Moderno se caracteriza por la constante evolución, así como por las reestructuraciones organizativas.

El énfasis que vienen poniendo las grandes empresas apoyadas por sus gobiernos se concentra en los siguientes aspectos:

1. Calidad de servicio.
2. Producción y servicio con valor agregado.
3. Proximidad al cliente.
4. Proceso de gestión de calidad.
5. Equipos de trabajo en todas las áreas.

6. Gerencia participativa.
7. Flexibilidad y respuesta inmediata.

La calidad en la gestión pública mexicana es tan cuestionada como lo fue en su momento la clasificación de las actividades económicas en los rubros: primario como la agricultura; secundario, en lo industrial, y terciario servicios. Todos ellos por mucho tiempo fueron vistos de manera peyorativa, de ahí su improductividad. No obstante, hoy el gobierno y la teoría económica admiten el rol que juegan las tres secciones.

México podría alcanzar una enorme tasa de desarrollo humano si los gobiernos, en sus tres niveles, implanten sin simulación alguna, el *Modelo Administrativo de Calidad Total*, sólo así se podrá ayudar a revertir la incómoda situación política, económica, social y cultural de los habitantes de este país. Dentro de un mercado cada día más competitivo, lo público y lo privado están obligados a realizar esfuerzos permanentes para acelerar la productividad, base fundamental del Producto Interno Bruto. El mejorar la calidad implica necesariamente un consumo cada vez mayor en el mercado mexicano.

La invitación final es: hacer eficientes los procesos y rediseñar la estructura organizacional de la administración pública, acompañado todo ello por una organización política nacional que le dirigida a abatir los problemas laborales, financieros y sociales por los que atraviesa el país, con la finalidad de brindar una óptima calidad de vida a los gobernados.

EPÍLOGO

Después de haber desarrollado la presente investigación, puede concluirse que, para instaurar un ajuste en la administración pública, será necesario que la decisión sea eminentemente política y provenga del responsable del Poder Ejecutivo. Las ideas desarrolladas a lo largo de este documento pueden ser útiles, siempre y cuando se apliquen los conocimientos vertidos, así como los propios. De no ser así, ni siquiera como cultura general podrá servir.

Aplicar los conocimientos significa ofrecer una gran cantidad de beneficios potenciales, tanto a la esfera pública como privada, pero sobre todo brindar los instrumentos adecuados a los responsables de la administración quien enfrenta los retos de resolver las necesidades de la población. Con las herramientas de la *Gestión Pública de Calidad*, se podría avanzar de forma más ágil hacia la convergencia administrativa de un modelo de calidad.

La falta de honradez y capacidad por parte de los últimos presidentes mexicanos para tomar decisiones en beneficio de la población, más que en el suyo propio, han provocado una gran descomposición del Estado Mexicano. Desde 1970, la tecnocracia de este país no ha sido capaz de recuperar los niveles de credibilidad del pueblo mexicano, la cual es fundamental para que gobernantes y gobernados puedan jugar su papel. Las constantes reformas a la *Carta Magna*, y el despropósito de aplicar una política económica con base en la *Doctrina Económica del Liberalismo* han originado se pierda toda la confianza en cualquier proyecto político.

La población mexicana tiene ante sí la oportunidad de conseguir a una sociedad saludable. Para ello, el Estado se halla compelido a implantar un equilibrio con los gobernados, dispuestos a mejorar de manera continua. La protección y el avance de la población deberán estar contemplados dentro de un Proyecto de Nación, el cual precisará mostrar la claridad para ser atendido por todo dentro de pacto entre ambos. De ahí que el gobierno tenga que rescatar su papel de regulador, con la perspectiva de facilitar a los ciudadanos los recursos para que ellos asuman su responsabilidad impuesta por el modelo de gestión.

Es necesario advertir que, si no se ponen en marcha los diseños administrativos aquí expuestos, existe el riesgo de que padezcamos nada grata experiencia chilena, donde el gobierno de Pinochet, después del fatídico *golpe de Estado*, contrató asesores y operadores profesionales angloamericanos.

Si continúa el desempeño incompetente por parte de los funcionarios mexicanos, es posible que se levanten algunas voces reaccionarias, para que los servidores públicos sean removidos por un personal externo, con tal de avanzar en el modelo oligarca en razón de unos cuantos. Sobre todo, con el tema recurrente de la reforma de Estado, con lo que se está en juego modelo de bienestar para todos.

Es vital cuidar que las políticas públicas no se pierdan de vista el aspecto laboral, los programas sociales deben estar focalizados para atacar el problema del desempleo, el aislamiento, la dependencia, pero también, pensando en satisfacer las demandas de una mejor calidad de vida.

No se puede dejar de lado la seguridad pública, donde el crimen organizado campea en terreno abierto, es una coyuntura presente en las sociedades contemporáneas. Por ello, es imperioso combatirlo con acciones de eficiencia, con la idea de atenuar su presencia, ya que existe una tremenda desigualdad social y económica reconocida por la opinión pública, en un país carente de recursos frescos, por la histórica deuda externa.

El asunto de la desigualdad requiere revisarse a fondo, no se trata, como se señaló a lo largo del texto, de sólo utilizar un lenguaje con términos de eficiencia y calidad, lo importante es fortalecer al Estado desde todas las posibilidades. No se podrá erradicar este mal únicamente a través de políticas públicas que simulen apoyos, sin un objetivo productivo. Hace falta que los gobiernos en sus tres niveles, se enfrenten a semejante calamidad desde una perspectiva realista y sensata, comprometiéndose a reducir los niveles de pobreza y marginación de quienes pueden ser productivos, a menos para su autosuficiencia alimentaria.

De no ser así, se podría señalar que los modelos administrativos contemporáneos son perjudiciales en nuestro país, y que son meramente un respaldo al modelo económico del liberalismo. No debe haber más dudas, los mercados financieros del mundo son los que actualmente dominan la política económica de los países como México. Aun así, un buen estadista podría defender el proyecto nacional de administrar para todas las clases sociales, tal como reza la *Constitución Política de 1917*.

El proyecto nacional debe ser viable, siempre y cuando los programas no sean amorfos y difíciles de concretar, pero sobre todo que estén sustentados en el Modelo de Calidad Total, con férreo control al propio gobierno en su encomienda de generar riqueza. Asimismo, es imprescindible fomentar al interior de la estructura administrativa un ambiente positivo con visos gerenciales, sin olvidar que la gestión esté en razón de su fin último, que es el beneficio social. Quizás para el lector avezado esto le resulte contradictorio, pero no es así, ya que el Modelo de Calidad se presta para la innovación, y, con ello, se podrá concretar y adecuar toda forma de gobierno.

La fortaleza del régimen político mexicano consiste en que la Institución Presidencial posee grandes facultades, políticas y administrativas, para lograr oportunidades, con las cuales México salga adelante. El responsable del ejecutivo no puede seguir permitiendo el desgaste de las instituciones, como de hecho ha ocurrido en los últimos 40 años.

La implantación del *Modelo de Calidad Total* en la Administración Pública requiere llevarse a cabo con el objetivo de fortalecer la capacidad de injerencia del Estado en la toma de decisiones, y así garantizar la seguridad nacional del país, además de recuperar y hacer eficientes a las instituciones republicanas, sustento de la nación mexicana.

El Proyecto de Nación deberá ser la pauta a seguir de todo gobernante que arribe a la presidencia, del partido que sea, pues el compromiso con el pueblo mexicano precisa ser a corto, mediano y largo plazos. Sin embargo, lo anterior sólo obtendrá si el gobierno crea las condiciones suficientes y necesarias, para asegurar tal proyecto cuando menos por los próximos 25 años.

Los puntos que se podrían tomar para su consolidación son los siguientes:

1. Contar con una política pública de finanzas públicas sanas, para los tres niveles de gobierno, la cual permita encaminar programas y acciones hacia el desarrollo del país.
2. Ser un gobierno generador de riqueza, que produzca más y cueste menos.
3. Tener un eje rector de acciones concretas, para diseñar e instrumentar políticas públicas en razón de proveer una mejor calidad de vida a la población en general.
4. Instaurar una política que aproveche las condiciones económicas, sociales y culturales a fin de promover los procesos de desarrollo nacional.

5. Llevar a cabo una innovación educativa que permita el progreso del país dentro de los parámetros de la calidad, para que sea productora de resultados.

Finalmente, es conveniente tener un plan para emprender estrategias específicas, y mediante ellas, establecer una gestión entre lo público y lo privado, con propósitos firmes, tomando en consideración el Modelo de Calidad, en donde se salvaguarden los beneficios de todas las clases sociales, y de este modo alcanzar las ideas planteadas en el texto, cuyo objetivo primordial es vigorizar al gobierno mexicano.

Los tres niveles de gobierno deberían empezar con la desregulación administrativa y financiera, además de facilitar el establecimiento y operación de las empresas, en razón del desarrollo del país, pero sin confundir con la *privatización por la privatización misma,* la cual viene afectando en gran manera el proyecto de país, todavía contemplado en la *Constitución Política de los Estados Unidos Mexicanos.* Podría ponerse como ejemplo la posibilidad de que hubiera un único registro para trámites de inversión, beneficiando así a los empresarios.

A consecuencia de la falta de criterio, el gobierno ha desperdiciado a los habitantes de México pues no los organiza para recibir una participación importante, en todos los sentidos incluyendo el trabajo voluntario. Para ello, los gobernantes tendrían que concertar con todas las clases sociales, incluyendo a los partidos políticos, con la promesa de respetar el Proyecto de Nación, que satisfagan las necesidades de la sociedad mexicana.

La cooperación tiene que hacerse a través de programas bien establecidos, respetando la autonomía de las organizaciones ciudadanas. Precisamente, la innovación administrativa, la cual está inmersa en el Modelo de Calidad, permite que cada parte de la sociedad colabore con entusiasmo para lograr mejoras en la calidad de vida de los mexicanos. Dejar a un lado la política social y cultural, en pos de integrarse al esquema oligarca, pone al *Borrego de Oro* del mercado del dinero por encima del ser humano.

No es nada aventurado señalar para que en México se puedan aprovechar los esquemas de gestión pública con base a lo ya escrito, es urgente el arribo a la presidencia mexicana un estadista, preocupado por realizar un buen gobierno. Éste se rodearía de un personal capaz para tomar decisiones pertinentes tanto en política interna como externa, basándose en el Modelo de Calidad.

Asimismo, sería importante recuperar las relaciones entre los diferentes sectores productivos, las mismas coaliciones que hacen y deshacen al interior de las organizaciones empresariales, campesinas, obreras, ganaderas y agrupaciones que estén vinculadas a beneficios proporcionados por la producción.

Es dentro de este complejo espacio de lo político donde más se necesita la concertación con todas las clases sociales de forma colectiva, cuyo objetivo es evitar lo más posible la contradicción de clases. Es aquí donde la decisión del responsable del país cobra particular preponderancia, pue el encargado de vigilar que su equipo de trabajo, dentro de la administración pública sea realmente eficiente, sobre todo posea la capacidad comprobada para concertar intereses, bajo la premisa de consolidar un compromiso social, y de esta forma atenuar la turbulencia nacional.

Se trata de emprender el arte de conducir, dejando de lado las costumbres meramente administrativas; la idea es organizar y promover la participación dentro del entramado social. Es iniciar el innovador ciclo donde tenga cabida es *Modelo Gerencial*, cuya tarea es precisamente mover ese todo compuesto de partes que es el Estado.

Apremia abandonar la estructura administrativa de tipo piramidal con tintes ortodoxos en los que está basado este tipo de organización, sobre todo en el esquema de la *administración vertical o de regadera*. Parafraseando a Alvin Toffler, es en este sitio donde hay Secretarios, Directores Generales, Jefes de Departamento, que jamás tienen contacto con el personal operativo.

Estos individuos están en razón de mantenerse y escalar encargos tanto en el gobierno como en la administración. Por esta circunstancia, la mayoría de ellos raras veces establece contacto con las necesidades de la dependencia. De forma coloquial se podía decir son funcionarios que sólo ven para arriba y a los lados, pero nunca voltean hacia el interior de la Secretaría, mucho menos al exterior de ésta.

El proponer evolucionar los paradigmas tradicionales no significa hablar de modas o utilizar palabras rimbombantes que la misma inopia generalizada la van desgastando de tanto utilizarlas, pero que jamás las aplican. Por tanto, es de vital importancia desarrollar una cadena de conocimiento capaz de llevarlas a cabo o bien, capacitar a aquellos que interesados en permanecer en la administración pública. De ahí la necesidad de flexionar las normas o leyes que detienen dichas innovaciones, recordemos que la administración pública únicamente puede hacer aquello que está contemplado en la ley.

Aunque el Modelo de Calidad ya es mayor de edad en México, sigue como mera moda. En realidad, siguen siendo pocos los ejemplos en donde se ha implantado el modelo, incluyendo a la iniciativa privada mexicana. Al parecer las acciones dinámicas están fuera del alcance del actuar del mexicano en general.

No se debe olvidar que la gestión de calidad implica una intensa asesoría profesional, no exclusivamente para su instauración, sino también para lograr el compromiso y la participación de todos los servidores públicos en todos los niveles jerárquicos. Hecho que recae en el encargado del Poder Ejecutivo, en tanto único responsable directo de la Administración Pública Federal, pero también a sus operadores.

Aunque sea doloroso reconocerlo, pero quienes se atreven a innovar o romper esquemas, los enquistados en el gobierno los ven cual, si fueran guerrilleros, piensan que están retando al modelo político. La misma población los rechaza, ya que los medios ideológicos del Estado, se han empecinado los manipularla para rechazar cualquier alteración del orden acostumbrado por ellos.

La realidad es que los gobiernos, están cerrilmente vedados, y ello perjudica por entero a toda la población incluyendo a quienes desean invertir en las distintas empresas. Así pues, urge realizar un tipo de reingeniería en la mentalidad de cada uno de ellos, con el objetivo de romper inercias y arribar a nuevas formas de gobernar y administrar.

México no puede darse el lujo de continuar a merced de los caprichos de los gobernantes, los cuales están ajenos a los procesos que llevan a innovadoras formas organizativas. que requiere el país de manera inmediata, pero tampoco puede permitir las imposiciones de reformar la *Carta General*, con la única idea que consiste en privatizar todo lo público, sin mediar que están vendiendo el patrimonio de los mexicanos. La imposición del actual imperialismo es parte del juego en donde ellos imponen las reglas, pero si bien la tarea está orientada hacia la actual lógica del esquema económico y productivo mundial de la Doctrina Económica del Liberalismo, no se puede perder de vista la esencia política y cultural del pueblo mexicano.

GLOSARIO DE TÉRMINOS Y DEFINICIONES

El presente glosario y definiciones que se exponen, es con la intención de homogeneizar algunos términos en el uso cotidiano del servidor público.

De Ciencia Política

- **Apartheid:** separación que designó la política gubernamental sudafricano.
- **Aprismo:** término que designa la radicalización de la clase media.
- **Aristocracia:** forma de gobierno que se basa en el honor y la liberalidad.
- **Armisticio:** acuerdo Internacional para que en común de acuerdo se suspendan las hostilidades.
- **Asamblea Constituyente:** órgano colegial que está investido para elaborar la constitución de papel de un país.
- **Beligerante:** hacer la guerra
- **Bicameral:** cuando se constituyen dos cámaras legislativas.
- **Bolchevismo:** mayoría formada en el Segundo Congreso del Partido Obrero Socialdemócrata en Rusia.
- **Bonapartismo:** la personalización del poder del Estado.
- **Burguesía:** aquellos que son los propietarios de los medios de producción.
- **Burocracia:** la capacidad de utilizar el poder del escritorio en razón propia.
- **Comunismo:** en base a la propiedad comunal en el Estado, desde la idea de la sociedad ideal.

- **Corporativismo:** doctrina que propugna por cooptar organizaciones políticas, sociales, obreras o campesinas.
- **Democracia:** forma de gobierno cuyo principio político es la igualdad de todas las clases sociales.
- **Estado:** un todo compuesto de partes.
- **Estado Moderno:** el instaurado en la Gran Bretaña a finales del siglo XVI e inicios del XVII, en base a la Doctrina Económica del Liberalismo; la propiedad privada y el dejar hacer y pasar a los oligarcas.
- **Estalinismo:** gobierno tirano guiado por Josif Stalin, para consolidar el triunfo del Partido Comunista Ruso.
- **Fanatismo:** obediencia ciega en razón de las creencias y el ejercicio de la violencia.
- **Fascismo:** gobierno en donde se dan las reivindicaciones de tipo nacionalista en favor de los pocos.
- **Leninismo:** basado en la doctrina marxista para la participación del Estado en la economía en Rusia.
- **Monarquía:** forma de gobierno en donde gobierna de forma virtuosa en razón siempre de su pueblo. (Se confunde con la forma de gobierno de Tiranía de uno)
- **Movilidad social:** deslizamiento de individuos o grupos de una posición social a otra.
- **Oligarquía:** forma de gobierno en base la ganancia y acumulación de riqueza de uno pocos.
- **Paternalismo:** termino sociológico que da entender una visión benévola de asistencia social.
- **República:** forma de gobierno de los mejores en base a la libertad, y de gobernar para todas las clases sociales de manera armónica.
- **Revolución:** significa el uso de las armas para lograr el poder.
- **Tiranía:** forma de gobierno que puede ser: de uno; de pocos y de muchos. En donde se gobierna siempre en razón de los tiranos.

Términos en la Administración Pública

- **Acción:** actuación de un agente físico sobre otro, decisión ejecutada por una persona.
- **Antigüedad:** duración de servicios por una persona en una administración pública o privada.

- **Alianzas Estratégicas:** modelo de organización para competir de forma más eficiente, con la idea de mejorar las ganancias y reducir gastos.
- **Aptitud:** suma de facultades físicas y mentales para llevar a buen fin una actividad.
- **Ascenso:** movimiento de un empleado hacia un encargo de mayor responsabilidad y nivel, se hace por méritos o concurso.
- **Calidad:** conjunto de atributos o propiedades de una acción u objeto que permite una satisfacción en ambas partes.
- **Calidad Total:** modelo administrativo que implica que la empresa o dependencia que se traté, tenga en todos sus procesos un alto grado de satisfacción y eficiencia.
- **Capacitación:** es el de mejorar el trabajo general o particular, para lograr una profesionalización del personal en las actividades o tareas que realizan.
- **Catálogo general:** documento que contiene la información concerniente a la totalidad de los puestos existentes, conformados en grupos y ramas debidamente aprobados.
- **Código de ética:** valores particulares o de grupo que impera en una empresa privada o pública, los cuales imperan con bases universales de un buen comportamiento y respeto.
- **Contratación:** acto que, mediante la emisión del nombramiento respectivo, se formaliza la relación jurídica-laboral del empleado o trabajador.
- **Dependencia:** son las Secretarias de Estado, las cuales son unidades administrativas que dependen jerárquicamente del Poder Ejecutivo.
- **Dirección:** es el que guía la actuación de los subordinados, hacia la consecución de los objetivos de la organización sea pública o privada.
- **Disciplina:** es la posibilidad de una mejor convivencia dentro de una estructura sea pública o privada.
- **Efectividad:** es la suma de la eficiencia y eficacia en todos los procesos.
- **Entidades:** son organizamos o empresas públicas que pertenecen al Sector Paraestatal.
- **Evaluación del desempeño:** es la medición de los resultados del trabajador o empleado público.
- **Escalafón:** modelo organizativo que sirve para efectuar las promociones y ascensos del personal

- **Huelga:** suspensión temporal de labores decretada por un sindicato de trabajadores en la forma y términos de la Ley.
- **Inducción:** proceso de adaptación e integración del personal de nuevo ingreso a la empresa o dependencia pública.
- **Modelo:** representación de una idea sistematizada para aplicarla en la realidad, que pude ayudar a mejorar el comportamiento de la organización. Es un diseño conceptual que implica acciones.
- **Nombramiento:** instrumento jurídico que formaliza las relaciones de trabajo en la entidad pública y sus empleados: debe constar por escrito para que obligue a las dos partes su cumplimiento.
- **Organismos públicos:** son los organismos descentralizado, empresas públicas de participación estatal, los fideicomisos públicos los cuales tendrán que estar contemplados en la Ley Orgánica de la Administración Pública Federal.
- **Personal definitivo:** es al que se le otorga un nombramiento con ese carácter, el cual se da comúnmente después de que trabajador cumplió con los requisitos para desarrollar sus actividades.
- **Personal por tiempo fijo:** es el trabajador que se contrata por tiempo establecido, para satisfacer necesidades eventuales.
- **Perfil profesional:** es el conjunto de conocimientos teórico y práctico, que el trabajador demuestran en el desempeño de sus actividades.
- **Plaza:** posición individual de trabajo que puede ser ocupada por más de un servidor público. La cual tiene una adscripción determinada.
- **Puesto:** unidad de trabajo unitaria e impersonal, caracterizado por tener fusiones específicas profesionales que caen en el empleado que la ocupe.
- **Trabajador:** persona que presta un servicio físico o intelectual en virtud de su nombramiento expedido.
- **Trabajador interino:** empleado que sustituye temporalmente a otro trabajador de base o confianza en su ausencia.
- **Trabajador provisional:** empleado que ocupa una plaza sin titular, hasta que ésta sea designada de forma definitiva.
- **Trabajador de base:** individuo que ocupa una vacante definitiva o una plaza de nueva creación.
- **Salario o sueldo:** retribución que se tiene que pagar al trabajador por sus servicios.

- **Sindicato:** asociación de trabajadores que laboran para una misma empresa o entidad púbica, constituido para el estudio; mejoramiento y defensa de sus intereses comunes.

Definiciones:

- **Administración:** es lograr un objetivo predeterminado mediante el esfuerzo ajeno; hacer que otros hagan.
- **Administración pública:** es la organización y dirección de hombres y materiales para lograr los fines del gobierno. Es el arte y la ciencia de la dirección aplicada a los asuntos del Estado. Dwigt Waldo
- **Administración de personal:** selección, educación y dirección de las personas que participan en las tareas gubernamentales.
- **Autoridad:** fenómeno humano por excelencia, es la relación entre el que manda y lo que obedece, entre lo que gobierna con el gobernado. Es el responsable de que los integrantes de una comunidad humana sea lo que son y lleven la vida que llevan.
- **Dirección:** mando por el cual se guía la actuación de los subordinados hacia la consecución de los objetivos.
- **Directrices:** principios establecidos que posibilitan el alcance de los objetivos pretendidos. Existen directrices de personal como el reclutar y seleccionar los futuros trabajadores.
- **Estado:** es un conglomerado de instituciones políticas económicas y sociales donde existen hombres y mujeres divididos en clases sociales las cuales siempre están en constante contradicción, luchando cada una por ser la predominante. Dicha dominación se realiza a través de una Ley General e instituciones que legitimaran el derecho de la clase suprema a gobernar a los demás.
- **Gobierno:** es el que dirige a través de los órganos encargados de administrar, diseñar, legislar y ejecutar programas, así como el mantenimiento del orden y la impartición de justicia. Es la parte visible del Estado.
- **Gestión pública:** es una herramienta de la administración pública, para mejorar las relaciones entre gobernante y gobernados.
- **Liderazgo:** es el influjo de una persona ante la actuación de otros.
- **Método:** plan prescrito para el desempeño de una tarea específica. El método detalla cómo debe de realizarse el trabajo.

- **Norma:** reglas que delimitan y aseguran los procedimientos. Son órdenes directas respecto al curso de una acción que se pretende seguir.
- **Organización y métodos:** es la ordenación de las estructuras institucionales.
- **Planificación:** en la aplicación de una visión a futuro de planes y programas a largo plazo del gobierno.
- **Planeación estratégica:** es la posibilidad de actuar y ejecutar planes, modificándolos de acuerdo a circunstancias internas y externas.
- **Planeación operacional:** es la que se efectúa para cada tarea o actividad. Se preocupa por alcanzar metas específicas, para cada actividad.
- **Presupuesto:** plan relacionado con las finanzas o dinero, ya sea por medio de ingresos o gastos, dentro de un determinado periodo de tiempo.
- **Programas:** actividades necesarias para alcanzar cada una de las metas. El alcance de las metas se planea por medio de programas.
- **Procedimientos:** forma por la cual se deberán ejecutar u organizar los programas. Los procedimientos son los planes que prescriben la secuencia cronológica de las tareas específicas necesarias para realizar determinados trabajos y tareas.
- **Reglamentos:** conjunto de normas relacionadas con el comportamiento solicitado a los trabajadores. Estos especifican cómo deben comportarse los empleados en determinadas situaciones.

Glosario del Marco Jurídico

- **Abuso de autoridad:** actuación de un jefe que rebasa los límites del orden jurídico y ético, cayendo en lo arbitrario.
- **Acto de gobierno:** manifestación política que es ejecutada por un órgano administrativo público.
- **Acto jurídico:** expresión de voluntad que produce consecuencias de derecho, el cual modifica y trasmite derechos, así como deberes.
- **Asamblea Constituyente:** órgano colegial que está investido para elaborar la Constitución de papel, una vez terminada éste desparece.
- **Autonomía administrativa:** potestad que dentro del Estado puede gozar una institución para regir sus intereses al interior de la vida política, mediante normas y órganos de gobierno propias.

- **Ayuntamiento:** es la corporación compuesta por el Presidente Municipal, regidores y concejales para dirigir los intereses de la población que le corresponde geográficamente.
- **Constitución:** es la forma de un pacto político y social. que ese documento precisa.
- **Derecho constitucional:** es una parte del derecho que guía de manera teórica las instituciones.
- **Gabinete:** es una figura administrativa y jurídica propia del régimen parlamentario. (En el caso del régimen presidencial mexicano es un absurdo llamarle gabinete)
- **Escalafón:** es un modelo que sirve para efectuar promociones, ascensos y permutas en los trabajadores.
- **Legalidad:** requisito constitucional y jurídico en todo acto administrativo.
- **Ley:** ordenamiento jurídico de carácter general, abstracto, obligatorio, impersonal y que contiene una sanción directa en los casos de inobservancia a la norma.
- **Municipio:** gobierno local que se rige por un Ayuntamiento.

Vocabulario y conceptos de Calidad.

- **Producto:** resultado de un proceso de trabajo, dentro de la norma también se utiliza para denotar un servicio, cuando así sea apropiado. Son las salidas del proceso dónde cada proceso es un trabajo, el cual satisface las necesidades básicas de los clientes.
- **Servicios:** la salida de un proceso que supera la competencia.
- **Oferta:** propuesta que realiza un proveedor para suministrar un producto con ciertas características.
- **Procesos:** es una serie de actividades o pasos que se llevan a cabo para transformar un insumo(s) en producto(s). Se trata también de los pasos que un trabajador o grupo que realiza para desempeñar una tarea.
- **Misión:** razón de ser de una organización, empresa o institución; la cual debe expresar las necesidades básicas y diferenciales a satisfacer en el presente, dirigido a los clientes del segmento del mercado o ámbito social.
- **Visión:** necesidades futuras que los clientes usuarios del segmento elegido, deberán ver satisfechas para la organización, empresa que mantenga un liderazgo.

- **Proceso de trabajo:** conjunto de actividades y tareas cotidianas que se realizan para producir un servicio, documento, información de manera sistemática dentro de una estructura productiva u organización.
- **Cliente usuario:** receptor final, es la persona o grupo de personas que usan o utilizan el servicio o producto.
- **Cliente intermedio:** es la persona o grupo de personas que distribuyen su producto a un cliente beneficiario.
- **Cliente interno:** trabajadores y empleados de la institución o empresa.
- **Grupo directivo:** personas a quienes les reportan los avances o problemas de la empresa o institución.
- **Indicadores:** métricas cuantitativas. Número de pasos o actividades, el número de empleados o trabajadores, tiempos y costos utilizado y capacidad instalada en cada uno de los procesos de trabajo y clave de apoyo. Así como las métricas cualitativas, en la creación de no valor en la relación al costo de la experiencia solicitada.
- **Áreas principales:** aquellas pareas o departamentos de la institución que colaboran directamente en la creación de las experiencias de satisfacción demandada por los clientes las cuales pueden ser; **técnicas**, de vinculación o planeación.
- **Áreas de apoyo:** espacios o departamentos de la organización que apoyan a las áreas principales, como son; el staff, administrativo, recursos materiales, personal entre otros.

Requisitos para el Aseguramiento de Calidad en la Norma ISO 9000.

- **Responsabilidad de la Gerencia**

  Esta debe definir y documentar su política y objetivos respecto a la calidad, las cuales tienen que ser congruentes con las metas organizacionales del proveedor, las expectativas y las necesidades de sus clientes. Además, es importante, asegurarse que esa política sea conocida y entendida en todos los niveles de la organización. La dirección, a además de definir la organización, se obliga a asignar responsabilidad, así como delegar autoridad, con el objetivo de ejercer el control sobre el modelo de calidad y sostenerlo.

- **Sistema de Calidad**

Se establece y se mantiene un sistema de calidad documentado (manual de calidad) como medio de asegurar los productos de cada departamento, con los requerimientos específicos. Se diseñan las estrategias desde la instauración del Modelo de Calidad Total.

- **Revisión de contrato**

La dependencia o institución establece y mantiene procedimientos para la revisión de los documentos, como convenios, contratos entre otros, asegurando la capacidad para cumplir con los requisitos, así como la aplicación efectiva de los procedimientos del sistema de calidad.

- **Control del diseño**

La organización debe establecerá y mantendrá los procedimientos para controlar y verificar el diseño de los productos o servicios, con la finalidad de asegurar que cumplan con los requerimientos específicos.

- **Control de documentos y datos**

La organización ha de establecer y mantener los procedimientos para controlar y verificar el diseño de los productos, así como datos relacionados con el aseguramiento de calidad. El responsable será el único en autorizar o modificar las propuestas de información como: a) los documentos y su emisión correcta para que estén disponibles en los lugares pertinentes, b) Los documentos obsoletos serán removidos rápidamente de los lugares de uso o emisión.

- **Adquisiciones**

La estructura administrativa, asegurará que los productos que adquiera, mismos que tienen que estar de acuerdo con los requerimientos específicos de calidad.

- **Control de productos proporcionados de forma externa**

Se tendrá que establecer y mantener los procedimientos para su verificación, el almacenamiento y mantenimiento de los productos provistos por el proveedor o cliente externo, para ser incorporados a los resultados finales.

- **Identificación y rastreabilidad del producto**

La oficina encargada, tiene que establecer el procedimiento en la que se identifiquen los resultados y etapas de trabajo sea intelectual o manual.

- **Control de procesos**

Se identifica y planea sobre todos los productos que sean aplicables, desde los procesos de la instalación que tengan que ver con el sistema de calidad. Se tendrá que asegurar que los procesos se lleven a cabo bajo las condiciones controladas, en todos ellos se incluye: a) instrucciones de trabajo documentadas en la que se defina la forma de trabajar; incluyendo instrucciones para el uso de los equipos con el objetivo de cumplir con los estándares de calidad, b) la aprobación de los procesos y equipo.

- **Inspección y pruebas**

Asegurar que los productos adquiridos no entren al proceso indicado hasta que no sean revisados y se verifique, que se pueden cumplir las peticiones, las verificaciones tienen que estar de acuerdo con el plan de calidad, sobre todo de los procedimientos documentados.

- **Inspección y prueba del producto adquirido**

La inspección y prueba del producto tienen que archivarse con etiquetas o en folders autorizados, sellos de recepción o bien registros computacionales en caso de petición virtual. En ciertos productos se requiere supervisión para detectar posibles irregulares con la idea de corregirlas oportunamente.

- **Acción correctiva y preventiva**

Se tiene que establecer un procedimiento documentado para implantar acciones correctivas y preventivas. Cualquier acción correctiva y preventiva adoptada para eliminar las causas de no conformidad, sean reales o potenciales tienen que ser apropiadas a la magnitud del problema y corresponde a los riesgos encontrados. Todas ellas se registran ante un posible cambio en el procedimiento de las acciones correctivas y preventivas.

- **Control de registros de calidad**

Mantener procedimientos establecidos para identificar, recolectar, indexar, archivar y desechar las peticiones u órdenes recibidas o enviadas. Todos los registros serán legibles e identificables con el producto de que se trate, la idea es que sean fácil de consultarse.

- **Auditorías internas de calidad**

Implantar un sistema de auditorías internas de calidad, en las que se puedan verificar que las actividades de todos los procesos cumplan con lo planeado, para así identificar la efectividad de modelo de calidad. Todas la auditorias de programarán y se darán a conocer antes y después de la revisión.

- **Capacitación**

Establecer un procedimiento para identificar las necesidades de capacitación dirigida, con la prioridad de proporcionarla a quien la necesite, sea individual o en grupo. El personal que realice tareas específicas será calificado en base a su entrenamiento, experiencia y perfil del encargo. Es necesario mantener registros de la capacitación que se otorgue.

- **Servicio**

Cuando el servicio al público, el personal tendrá que establecer un procedimiento de calidad, en la que se logre cumplir con los mininos requisitos especificados en el Modelo de Calidad.

- **Técnicas y estadísticas**

Mantener los procedimientos que identifiquen que las técnicas y estadísticas, son las que se requieren en el control de todos los productos.

BIBLIOGRAFÍA

Alvin, toffler, *La Tercera Ola*, Compañía Editorial, 1981.

Aquino, Tomás de, *Tratado de la ley, Tratado de la justicia, Gobierno de los príncipes*, México, Editorial Porrúa, 2008, 530 pp.

Aristoteles, Obras, *Del Alma, Etica Nicomaquea, Etica Eudemiana, Política, Costitución de Atenas, Poetica*, Madrid, Aguilar ediciones, 1982, 1066 pp.

Álvaro Villagrán Ochoa, *México, razón de ser, México*, Edigraf Watson-Gómez, S.C. 1996, 890 pp.

Badillo, Martínez Roberto, *El complejo Industrial de los Estado Unidos, Los responsables de las crisis financieras contemporáneas y sus orígenes*, México, Miguel Ángel Porrúa, librero editor, pp. 186.

Bardach, Eugene, *Los ocho pasos para el análisis de Políticas Públicas, (Manual para la práctica)*, México, Ed. Miguel Ángel Porrúa, 1988. Es un texto recomendable para su consulta.

Bardach, Eugene, *Public Policy*, USA, Universidad de California, Berkeley, 1970.

Buckle, H. T. *History of civilization in England*, Londres, 1904, (fotocopia)

Burton, *Life and correspondence of David Hume*, Endimburgo 1846.

Donald S. van Meter y Carl E. van Hoorn, *El proceso de implementación de las políticas. Un marco conceptual.* México, Ed. Porrúa, 2000.

Drucker, Peter, *Gerencia para el futuro*, México, Ed. NORMA, 1995, p.352.

Biscaretti, di Ruffia Paolo, *Introducción al derecho constitucional comparado*, México, Fondo de Cultura Económica, pp.355.

Cárdenas, Gracia Jaime F. *Transición Política y reforma constitucional en México*, México, UNAM, Instituto de Investigaciones Jurídicas, 1996, 212 pp.

Duverger, Maurice, *Instituciones políticas y derecho constitucional*, Barcelona, Ediciones Ariel, 1964, 663 pp.

Gidden, Antony, *La tercera vía y sus críticos*, México, Ed. Tauro, 2001.Ariel.

Grosrichard, Alain, *Estructura del Harén, Structure du sérail: la fiction du despotisme asiatique dans l'Occident classique*, Paris, Editorial Petrel, 1979, 248 pp.

Hamilton, Madison y Jay, *El Federalista*, México, FCE, 2000.

Henry J. Johansson, Patrick McHugh, A. John Pendlebury, William A. Wheeler, Businness *Process Reengineering, England*, Published, 1993, pp. 238.

Hobbes, Thomas, *Leviatán, o la materia, forma y poder de una república, eclesiástica y civil*, México, Fondo de Cultura Económica, 2001 618 pp.

Locke, John, *Ensayo sobre el entendimiento humano*, Madrid, Editora Nacional, 1980.

Locke, John, *Ensayo Sobre el Gobierno Civil*, México, Ed. Nuevomar, 1984.

M. Juran, Juran, *El liderazgo para la calidad, (un manual para directivos)* Madrid, España, Ed. Díaz de Santos, 1990, pp. 363.

Marcos, Patricio, *Diccionario de la Democracia*, México, Miguel Ángel Porrúa, librero editor, primera edición 2010, 1879 pp.

Mijares, Sánchez Mario Raúl, México: *Génesis de su descomposición política, Miguel Alemán Valdés 1936 – 1952.* USA, Ed. Palibrio, 276 pp.

Mijares, Sánchez Mario Raúl, *Formas de gobierno (lecciones de teoría política)*, EUA, Ed. Palibrio, 2011, 152 pp

Mijares, Sánchez Mario Raúl, *Gobiernos generadores de riqueza, La Administración pública del futuro*, EUA, Ed. Palibrio, 2012, 151 pp.

Mijares, Sánchez Mario Raúl, *Ciclos políticos, En la historia del pueblo mexicano 1810 -2012*, USA, Ed. Palibrio, 2014, 187 pp.

Mijares, Sánchez Mario Raúl, *El Modelo Gerencial en el Sector Público*, México, Ed. Talleres Vargas, 2007, 155 pp.

Niblo, Stephen R. *México en los cuarenta, modernidad y corrupción*, México, Ed. Océano, 2008, 387 pp.

O´Donenell, Phileppe Guillermo C. Schmitterr/Laurence Whitehead, *Transiciones desde un gobierno autoritario*, Barcelona, Ediciones Paidós, 1994, 297 pp.

Platón, *Dialogos, apología de Socrates, Critón o del deber, Eutifron o de la santidad, Laques o del valor, Lysis o de la amistad, Carmides o de la templanza, Ion o de la poesía, Protagoras o de los sofistas, Georgías o de la retórica, Menón o de la virtud, Hipias mayor o de lo bello, Cratilo o del lenguaje, Teetetes o de la ciancia, Posio (banquete) o de la erotica, Fedón o del alma, La republica o de lo justo, Fedro o del amor, Timeo o de la naturaleza, Critias o de la Atlantida, El sofista o del ser.* México, Editorial Porrúa, 1998, 787 pp.

Rabasa, Emilio, *La evolución histórica de México*, México, Ed. Vda. De Ch Bouret, 1920, 349 pp.

Rabasa, Emilio, *La constitución y la dictadura, Estudio sobre la organización política en México*, México, Editorial Porrúa, 1982, 246 pp.

Reyes, Heroles Jesús, *El liberalismo mexicano*, Tres Tomos, México, Fondo de Cultura Económica, 1994, 727 pp.

Rives, Roberto, *La administración pública de México*, México, FUNDAp, 2009, pp,

Sierra, Justo, *Evolución política del pueblo mexicano*, México, UNAM, 1902, 364 pp.

Silva, Herzog, Jesús, *Breve historia de revolución mexicana*, Tomo I, México, Fondo de Cultura Mexicana, 1970, pp.

Spencer, Stephen Goodspeed *Aportaciones al conocimiento de la administración federal, (autores extranjeros)* México, Secretaría de la Presidencia, Dirección General de Estudios Administrativos, 1976, 547 pp.

Tocqueville, Alexis de, *La democracia en América*, México, Fondo de Cultura Económica, 2001. 743 pp.

Tocqueville, Alexis de, *El antiguo régimen y la revolución*, 2, Madrid, Alianza Editorial, 1982, 294 pp.

La planeación del desarrollo en el umbral del siglo xxi, México, SHCP y Fondo de Cultura Económica, 1998, 592 pp.

México a través de los informes presidenciales, La administración pública, México, Secretaría de la Presidencia, Tomos 5, 1976, 471 pp.

Bases constitucionales del federalismo, México, Instituto de Administración Pública, 1996, 340 pp.